For **U-15**
kids and
parents, coaches

井上尚弥
実演

はじめよう！
ボクシング
BOXING

はじめに

　ボクシングというスポーツ、みなさんにはどんなふうに見えますか？
　リングの中のふたりのボクサーは、ただなぐり合っているのではありません。
　ボクシングは、英語でこんなふうに呼ばれています。「アート・オブ・セルフディフェンス（The Art of Self Defense)」。わかりやすい日本語にすると、「自分の身を守るための技術」です。目の前にいる相手のパンチをもらわずに、自分のパンチを当てる。それが、ボクシングです。
　打たせずに打つ。相手も同じことを考えているのですから、これは本当に難しい。どうしたら、そうできるのでしょう。何より大事なのは、しっかりとした基本を身につけることです。体重の乗せ方、足の使い方、パンチの角度、ガードの位置……一つ一つの基本動作に、理由があります。
　オリンピックの金メダリストも、プロの世界チャンピオンも、毎日毎日、基本の動きをコツコツ練習します。それらが無意識につらなって、流れるようなボクシングが生まれるのです。目にも止まらぬコンビネーション、強烈なカウンターパンチ。みなさんが憧れるハイレベルなテクニックの根っこに、繰り返し練習して身につけた「基本」があります。
　さあ、みなさんも正しい基本技術を身につけて少しずつ、「打たせずに打つ」、ボクシングの本当のおもしろさに近づいていきましょう。

大橋秀行

» CONTENTS

はじめに ———————————————————————— 2

[巻頭対談]親と子のボクシング道 ————————————— 6
　井上真吾・尚弥・拓真　「基本を体にしみこませることの大切さ」——— 7
　松本好二・圭佑　「子供は自分で戦えるようになっていく」——— 10

第1章　相手と向き合う前に ———————————— 13

正しい拳のにぎり方 ———————————————————— 14
拳を守るバンデージの巻き方 ————————————————— 16
ファイティングポーズをマスターしよう ———————————— 18
ボクシングは「距離」のスポーツだ！ ————————————— 20
ステップワークをマスターしよう　① 前後への移動 ————— 22
　② 左右への移動 ———————————————————— 24
相手との距離のつくり方　① 前後のステップで ——————— 26
　② サイドステップで位置どりを変える ——————————— 28
コラム1　最初のワクワク感を忘れない ———————————— 30

第2章　「打つ」と「よける」はいつもセット ———— 31

パンチの基本を覚えよう　①ジャブ ————————————— 32
　② 右ストレート ———————————————————— 34

③ 左フック ─────────────── 36
　④ 右フック ─────────────── 38
　⑤ 左アッパー ────────────── 40
　⑥ 右アッパー ────────────── 42
ディフェンス技術を覚える ①　腕を使ってよける方法 ─── 44
　② 　ボディワークで守る方法 ─────────── 47
ディフェンスとパンチを組み合わせてみる ────── 50
コラム2　正しいクセをつけることが、ボクシングの練習 ── 56

第3章　技術を組み合わせてみる ──── 57

ジャブを使いこなす！　1. ダブルジャブ ───────── 58
　2. 顔面へ、ボディへのジャブ ───────────── 59
ツー・パンチ・コンビネーションのいろいろ　1. 基本のワン・ツー ── 60
　2. ボディへのワン・ツー ─────────────── 61
　3. ボディへのジャブ＋右ストレート ──────────── 62
　4. 右ストレートから左ストレート ───────────── 63
　5. 左フックから右ストレート ────────────── 64
　6. 左フックから右ボディストレート ─────────── 65
　7. 左フックから左ボディアッパー ───────────── 66
　8. 左ボディアッパーから左フック ───────────── 67
　9. 右ボディアッパーから右アッパー ─────────── 68
スリー・パンチのバリエーション　1. ジャブ、ワンツー ──── 69

CONTENTS

2. ジャブ＋ジャブ＋右ボディストレート ──────── 70
3. ジャブ＋右ストレート＋左フック ──────── 71
4. ジャブ＋右ストレート＋左ボディアッパー ──────── 72
5. ジャブ＋右ボディストレート＋左フック ──────── 73
6. 右ストレート＋左フック＋左ボディアッパー ──────── 74
7. 右ボディストレート＋左ボディアッパー＋左フック ──────── 75

トップボクサーはこう戦う！ ──────── 76

コラム3 「勝負」よりも大事なこと ──────── 80

第4章　ジムへ行こう！ ──────── 81

毎日のジムワーク、練習のポイントは ──────── 82
体幹トレーニングとインナーマッスル ──────── 86
アンダージュニア、U-15って、どんな大会？ ──────── 88
用具をそろえよう ──────── 90
アマチュアボクシングの基礎知識 ──────── 92

撮　　影：馬場高志
デザイン：黄川田洋志、井上菜奈美、田中ひさえ、今泉明香、
　　　　　藤本麻衣、新開宙（ライトハウス）
編　　集：宮田有理子
撮影協力：株式会社ミズノ　株式会社デフィール

井上真吾(父)・拓真(次男)・尚弥(長男)

アマチュアボクサーの父・真吾さんの姿を見て子供たちもボクサーを志す。キッズ、アマチュアで活躍後、プロで尚弥は世界2階級制覇。拓真は東洋太平洋王座に就く。真吾さんは優れたトレーナーに贈られるエディタウンゼント賞を受賞。

巻頭対談

親と子のボクシング道

明るい未来のための方法論

キッズボクサーの多くは、親御さんのすすめや影響を受けてボクシングを始めています。ゆくゆくはチャンピオンに。でもその夢の前に、子供の心と体をはぐくむことが、第一歩です。基本をきちんと。そして、子供自身が、ボクシングを好きになるように。この二組の親子の歩み方には、そんなエッセンスがつまっています。

松本好二(父)・圭佑(長男)

高校・プロのジムの先輩である大橋会長の元でチーフトレーナーを務める父・好二さんは、元日本・東洋太平洋フェザー級チャンピオンで、エディ賞受賞トレーナー。息子の圭佑はU-15全国大会5連覇。2015年アジアジュニア選手権で銅メダルを獲得。

「基本を体にしみこませることの大切さ」

キッズボクシングの申し子で、アマチュア界に名をとどろかせた井上兄弟。大橋ジムの一員となってから、この親子には驚かされることばかりです。その一つは、試合の二日後には練習を始めること。肉体的にも精神的にも疲れ果て、ふつうは休みたいものです。それが井上家の場合は、世界を獲(と)った後も、二日後にはジムへ来るから、すごい。

泣きながら練習していた思い出

尚弥 練習するのは、自分の中では、当たり前なんですけれど……。

真吾 チャンピオンになっても日々やることは、基本変わりません。もちろん、試合は疲れ切ります。でも、終わった後は、リラックスするためにも軽く動く方がいいんですよね。ダメージもないし、何より、本人が練習したい、って言うので。

尚弥 練習しない方が落ち着かないです。体がベストに近い状態が、自分にとっても心地いい状態なので、それを保ちたいんですよね。

真吾 遊ぶ時は遊びますから。練習の時間は、100％集中しますけれども。ウチなりの、オン・オフはあるので、大丈夫なんだと思います。

大橋 ボクシングを始めたきっかけは、お父さんがやっていたから？

尚弥 小学校に上がるとき、それまでやっていたサッカーじゃなくボクシングを選びました。父に選ばされたわけじゃなく、自分の直感です。

拓真 僕はちっちゃすぎて覚えていなくて、物心ついた時にはボクシングをやっていました。

真吾 ナオには最初から真剣に教えましたね。頭で、言葉で覚えるより、動きを体にしみこませてしまうのが一番だと思っていましたから、コツコツ毎日、とにかく基本練習です。2歳下のタクには同じことはムリだから、横で遊びながらマネすることから入って。

大橋 指導は厳しかった？

尚弥 どうだったのかな……泣きながらやってたのは、覚えています。

大橋 基本練習は退屈だもんね。

真吾 子供の集中力は続かない時があるんで、ちょっとキツい言葉で集中する方向に持っていきましたけれど、一から十まで厳しいだけだとツラくなります。時には「よくなったね」「強くなったねえ」とほめるし、やっぱりボクシングを好きになってほしかったから、子供の好きなブルース・リーやジャッキー・チェンのふりをしてみせたり、楽しんでもらう工夫もしましたね。

言葉ではなく態度で示す

大橋 はじめは何を教わったの？

尚弥 最初はステップだけです。打たずに、ステップだけ。家のでっかい鏡の前で、そればっかり。

真吾 そうですね、まず構え。そして、打たずにステップ。ある程度できるようになったら、

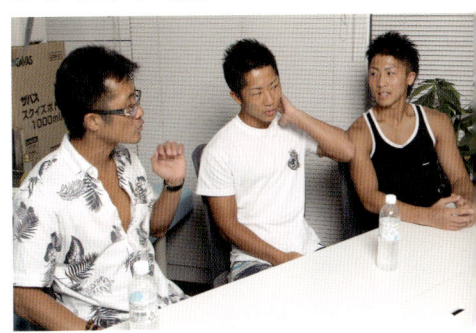

足を止めてジャブとワンツー。それができたら、次はそこへステップを合わせる。

大橋 最初に尚弥を見た時にステップの素晴らしさに感動したけれど、そういう努力が土台にあるんだね。

真吾 僕は職人なんで、ものごとを流す、っていうことができないんです。一つ一つのことがしっかりできるようになってからでないと、次の段階へ進めない。

大橋 大事なこと。でも、お父さんの情熱が強すぎると、子供が重荷に耐えきれなくなるケースは少なくない。井上家は、奇跡のような成功例。どんな秘密があるんだろう。

真吾 子供の気持ちを思うこと、でしょうか。自分が子の立場ならどう感じるか、と自問して。親だからと一方的に叱っていいわけじゃないと思います。子供の方が、お父さんは僕のために言っている、と感じれば、伝わると思うんです。だから普段の会話も、大事にしています。

尚弥 僕としては、小1の時から、お父さんと一緒に走ってきた、一緒に練習してきた、というのが一番でかいと思うんです。もしお父さんが、口ばっかり偉そうにトレーナーぶっていたら、こうはならなかったかもしれません。だって、僕の練習を見るのは半分くらいで、あとの半分は、お父さん自身が100%追いこんで練習してましたから。同じサンドバッグをラスト30秒打ち込んだり。

拓真 スパーリングも、3人で代わるがわるまわして。それが、日常でした。

真吾 そのころは自分自身もボクシングが強くなりたくてやってましたからね。真剣に練習してましたね。

大橋 やっぱり人を動かすには、自分の姿勢が一番大事。仕事も練習も一番がんばっているのがお父さん、と子供が感じたんだね。

尚弥 ぼちぼち、もういいんじゃないかな、と思うんですけれども……。やっぱりすごいな、と。かなわないな、と思います。

真吾 子供って、先が見えちゃったら伸びなくなると思うんです。父ちゃんがこんだけやってんだから、自分はもっとがんばらないと、って

感じてもらいたいな、って思います。

大橋 チャンピオンになっても「お父さんにはかなわない」と思う?

尚弥 そんな、まだまだ全然かないません。人間性、人としての部分も。

真吾 ボクシングだけじゃなく、人としても育ってほしいです。人の気持ち、痛みがわかる人間に。強くて威張るのは誰でもできる。強いからこそ人にやさしくなれる人間になってほしい、

それだけですね。

大橋 そうだね。ボクシングだけ強ければいいってわけじゃない。ボクシングやめてからの人生の方が長いんだから。「人として」の部分、とても大事。もちろん、ボクシングでしか学べないこともあるけれど。

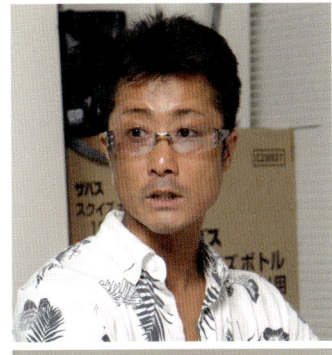

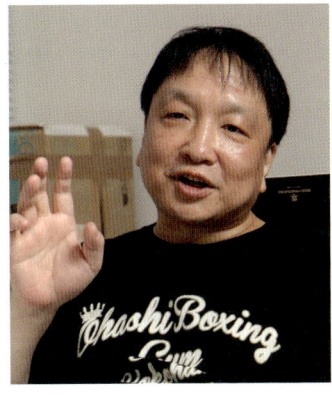

「勝負」の世界で学ぶこと

真吾 「勝ち負け」がつく世界ですからね。勝つためにはどういう気持ちで練習しなきゃいけないか。絶対に、いい加減な練習はできない。練習は100％、集中。やるべきことをやりきって戦った結果は、受け止めるしかありません。でも、やることやらずに、望まない結果が出たら、後悔しかないですよね。そういうのは、イヤなんですよ。

尚弥 小6で初めて「試合に出るぞ」と言われた時のこと、今でもはっきり覚えています。学校の防災訓練からの帰り道に言われたんです。6年間してきた練習は、べつに試合のためじゃなく、ただ自分たちが強くなるためだけのものじゃないですか。それが、大会に出る、と聞いた瞬間、ものすごく怖くて。勝てんのかな、どんな人がいるのかな、って。

大橋 わかる。結果が出るこわさ。

真吾 僕にとっても結局、それまで3人で比べるものなくやってきてますから、他の小学生たちに通用するのかしないのか、わからない。お互いに不安は見せないようにしていましたけれども、不安でしたね。

大橋 世界チャンピオンにも、こういう「はじめて」があるんだよね。

真吾 そうですよね。僕が子供たちに言ってきたことです。世界チャンピオンになった人たちもみんな、ステップ一つからスタートしたんだよ。いきなり世界チャンピオンになった人はいないんだよ、って。

大橋 野球のイチローだって、初めて球を投げた瞬間があるわけだからね。そこから積み上げたものが、今。

親子ならではの、あ・うんの呼吸、信頼関係も、長い時間積み上げてきたものですね。もう一つ、栄光を手に入れても変わらない、謙虚さ、これはきっと世界チャンピオンがゴールではないから、だと思います。

真吾 実はゴールがあるんです。試合会場で、すっかり第三者になって、ウチワを使いながら「これうちの息子だよっ」て言ってながめてみたいな、と。それくらい安心して見られるようになったらいいな、と。たぶん、ありえないんですけれどね。

巻頭対談　親と子のボクシング道

「子供は自分で戦えるようになっていく」

　さて、次は松本親子です。こちらは父親が経験者で子供がキッズボクシングから活躍している点で井上親子と同じです。が、私にとって松本好二は高校とプロのジムでの後輩。世界挑戦も経験しており、ボクシングを知り尽くしています。その分、心配性でもあります。そんな父親の心配をよそに、圭佑君はどんどん強くなっています。

強くなっていく喜びを知った

大橋　むかしは泣き虫だったよね。

圭佑　負けず嫌いで、ちょっと自分が分が悪くなると、泣いちゃう。悔しさを表すのに泣くしかなくて。

好二　父親としては「なんでそこで泣くの？」ってもどかしくもありました。でもそういう感情の部分のコントロールができるようになって、強くなったな、と思いますね。

大橋　覚えてるかな、むかし「ヘラクレスかぶと買ってあげるからボクシングやろう」って言

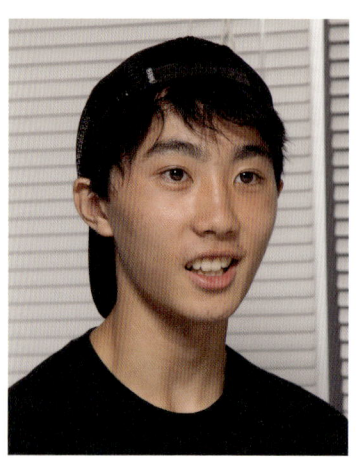

ったら……。

圭佑　覚えてます。「絶対、いやだ」って言いました。

大橋　それがなんでこんなにボクシング、好きになっちゃったの？

圭佑　なぜでしょう。小さいころは、家にこもるタイプだったんです。

好二　小学校入学後、脱毛症になったことも大きかったと思います。眉毛もまつ毛も抜けて。勉強も運動もできる方なのに、人前に出ようとしないんです。親としては胸が痛かった。息子をスポーツ選手にしたいというよりも、男の子として強く生きる力をつけるために何かスポーツを、という思いがありました。

圭佑　今はだいぶよくなりました。まだ完璧ではないですけれど。

大橋　僕も小さいころホクロがいやで、肌色のクレヨンぬったことがあったよ。本人は気にするんだよね。

圭佑　でも、ボクシングを始めて、だいぶ変わりました。前は授業中に手を挙げるのもイヤだったけれど、今は全校のスピーチコンテストでもちゃんと話せます。ボクシングは、リングに入ったら自分で戦うしかないじゃないですか。その中で勝つことで、自信を持てたんだと思います。

好二　最初、ボクシングへの興味はほぼゼロだったんです。幼稚園のころ週1回くらいジムに連れていっていましたが、世界戦を見に行っても、ゲームばっかり。自分からやる気になったのは、ちょっと太ってきた小3のときです。運動会のリレーメンバーの選抜から初めてもれて、子供心に感じるものがあったんでしょう。夏休

10

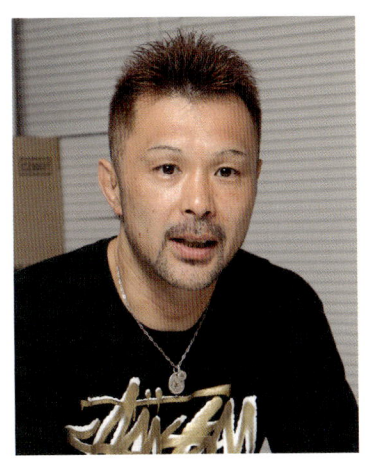

みは毎日、朝から晩までジムにいました。宿題持ちこんだりして。

圭佑 週1回のころは、練習が長く感じられて泣いていたんですけれど、この時からお父さんに教えてもらうようになって、毎日練習して上達するのがうれしかったです。パンチングボールにハマって、お父さんの仕事が終わるまでずっと練習していました。

リングの上で得た自信

好二 ある日の夕方、僕は選手の試合があるので圭佑を帰らせようとしたら、会長が「試合に連れていけば？」って言ってくれて、一緒に会場へ行くようになりました。それから、試合への関心も湧いたようです。

圭佑 すごく不思議な感じでした。いつもジムでやさしくしてくれる人が、明るいリングの上で激しく戦っている。そこに引き込まれた気がします。

好二 夏休みの後も毎日練習を続けて、秋の試合に出たい、と言い出しました。それまでは試合はイヤだと言っていたのに、いざリングに立ったら僕の心配をよそに、逃げずにしっかり戦

っているんですよ。すごく強い相手なのに。足が震えたのは僕の方でした。親は子を危険から守るものだと思うんですが、僕はリングは危ないところだって知っているわけです。そこへ息子を送り出すのは、すごく複雑な気持ちでした。

大橋 知れば知るほど、心配になるスポーツだとは思う。

好二 この一度の勝利を自信にして生きていってくれればいい、と思っていたんです。そしたら会長が、「来年は少年大会に出そう」と……

大橋 僕は大丈夫だと思ったよ、はっきりと強かったもん。お父さんもわかってたと思うけど。たいていの親は、自分の子は勝っていると思う。松本君がそうじゃないのは、ボクシングを知りすぎているからだよ。

圭佑 お父さんからは、試合がどんなものか聞かされましたけれど、自分としてはあれこれ考えずに試合に出て、無心で戦いました。相手がガーッと出てきたので、自分も打ち合った。怖いとは思いませんでした。

好二 うれしさと、驚きが半々でした。自分の子にこんな力があったとは、と。大きな期待をしなかったぶん、びっくりしましたね。僕自身

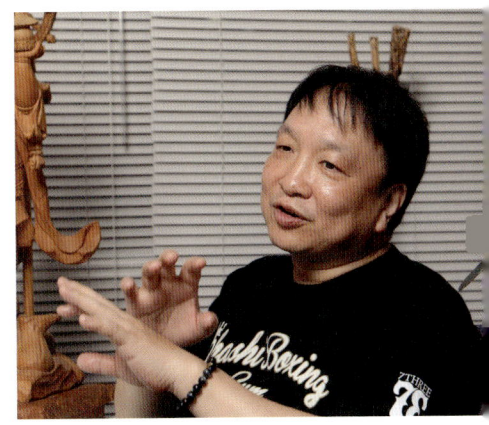

は世界タイトルを獲れず、ボクシングに悔いがあります。でもその無念を息子に託すつもりはなくて。この子はこの子なりに、伸びてくれればいいと思っています。でも、僕自身のボクサーとしての反省点を伝えると、圭佑はまるで自分が経験したかのように、自分のボクシングに取り入れていくんです。僕の悔いだらけのボクシング人生も、この子のボクシング人生のためにあったのかと思うと、救われます。

お父さんを超えていく

圭佑 現役時代の話は、幼稚園のころから聞いていたし、トレーナーとして世界戦のリングへ向かうお父さんは、僕の自慢でした。言うことは全部、正しいと思っています。

大橋 何よりこの信頼関係が、子供のスポーツにおいてはすごく大事。指導者を信頼している子はどんどん吸収していく。親御さんは、もし指導者のやり方に疑問を持ったら、子供ではなく直接指導者と話し合うべきだと思うんだ。圭佑君、お父さんは失敗だらけと言うけれど、お父さんはすごかったんだよ。試合で勝つのは、大変なんだ。

圭佑 そう思います。お父さんの話を聞いてい

ると、まだまだ自分は取り組み方が足りないと感じます。

好二 これまでは追いこみ過ぎないようにやってきました。でも高校生になって、これからは勝負どころ。自分よりもこの子を伸ばしてくれる指導者がいれば、預ける覚悟もあります。難しいんです、子離れの方が。高校に入ってすぐにアジア・ジュニア選手権の代表に選ばれて、チームの一員としてウズベキスタンに行ったことは、僕にとっても、この子の手を少し離す、よい機会でした。僕はどうしても用具や荷物の準備に手を出しちゃうんですが、妻からは「自分でやらせなさい」と言われてきました。実際に今回、圭佑は身の回りのことも全部自分でやって、銅メダルを獲ってきました。相手の分析と戦法も自分で判断して。もちろん僕がいたらこうできたかも、という思いもありますが、貴重な経験になったはずです。

圭佑 同じチームに金、銀メダルを獲った子がいるので悔しいですが、地元の強い相手に、逃げ回って負けたわけじゃない。自分がやろうと思ったことはやったので、今後の自分にプラスになる負けだと思います。ロードワークにダッシュを入れるべきだと感じて、帰国後さっそく、それも始めました。

大橋 そのすばらしいプラス思考が、運も呼び寄せるよ。

圭佑 インターハイも、オリンピックも、プロの世界チャンピオンも。身近にいる存在を超えれること、イコール、そこへ到達できることなので。がんばります。

好二 やるからには、超えてほしいです。心配は尽きませんが、でも腹くくるところはくくる。精神力、判断力、決断力、秒速の戦いの中でそれができた時、僕も「戦えた」と思えるのかな、と。

第1章
相手と向き合う前に

ボクシングの、キホンのキ。
バンデージを巻き、まずは基本姿勢と
スムーズなステップを覚えましょう。

正しい拳のにぎり方

ナックルパートを当てるために

じゃんけんの「グー」をしてみてください。親指が人差し指の関節よりも出てしまう人、親指をほかの指でにぎりこむ人、さまざまなクセがあるでしょう。拳で戦うボクシングでは、そのにぎり方ひとつで拳をいためてしまうこともあります。拳がひらいていると、反則打ちにもなります。はじめに、正しい拳のにぎり方を覚えましょう。

第 1 章　相手と向き合う前に

ここが ポイント POINT

ナックルパートを当てる

「ナックルパート」とは、拳をにぎった時、指の第一関節から第二関節の間にできる平らな「面」のこと。パンチは、この面で打ちます。たとえば人差し指の関節がかたくて面から飛び出てまうようだと、人差し指をケガしやすくなります。関節を少しずつ柔らかくして、面が平らになるようにしましょう。ボクシングでは、このナックルパートが当たっていないパンチは、正当なパンチとみなされませんし、力もつたわりません。ナックルパートを当てる意識を持ちましょう。

拳 の 正 し い に ぎ り 方

1
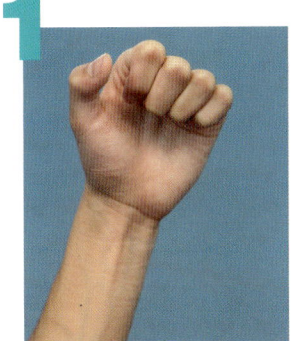
①人差し指から小指まで、4本の指をすきまなく折り込む。

2

②親指をかぶせる。第二関節をしっかりまげてにぎる。

3
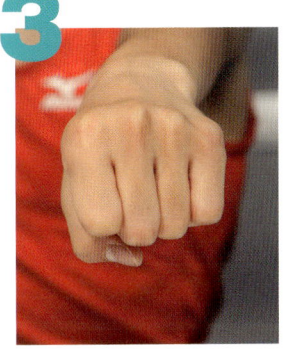
③ナックルパートが平らになった状態。

ファウル（反則）について①

ボクシングでは、ナックルパート以外で打つパンチは、反則になります。グローブの内側、側面、甲の面などが当たると、注意を受けます。親指の部分は突き出やすく、これが相手の目に入るとサミング、という危険行為とみなされます。また、もちろんヒジを当てることも、ファウルです。常にナックルパートに打った感触があるように、正しい打ち方を身につけましょう。

➔ 拳を守るバンデージの巻き方

グローブをはめる前に、バンデージを巻きます。拳を守り、手首を安定させる役割があるバンデージ。とくに衝撃を受けるナックルパートには厚みを持たせます。巻く途中に何度か拳をにぎってきつすぎないか確認しながら、練習中にずれることのないよう、ゆるみなくしっかりと。バンデージを巻く作業は、ボクサーのスイッチを入れる儀式でもあります。拳を守るため、ていねいに巻きましょう。

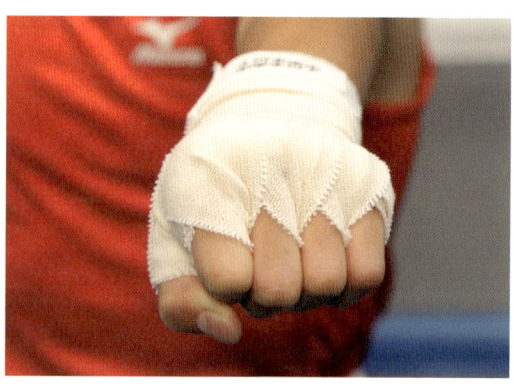

≫ 巻いてみよう　日本ボクシング連盟公認 幼年試合用バンデージ（ウイニング社製）を使用

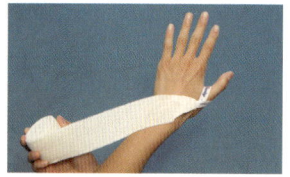
①バンデージのはしについたヒモを親指にかける。

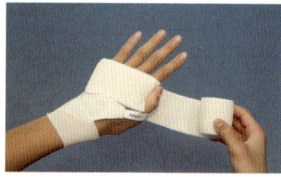
⑤クッションのはしを親指でおさえて

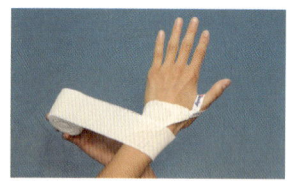
②手首を2周巻いたら、手のひら側を通り…

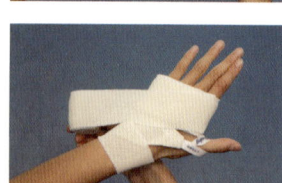
⑥バンデージをぐるっと一周させて固定する

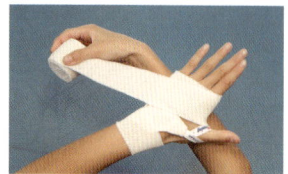
③ナックルパートを一周させる

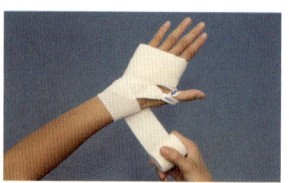
⑦手首を一周させて

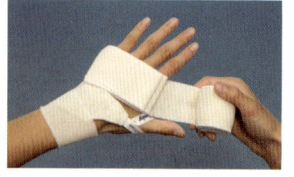
④ナックルの上でバンデージを4回折り返し、クッションをつくる

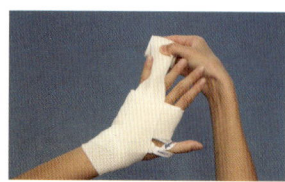
⑧小指と薬指の間を通す

第1章　相手と向き合う前に

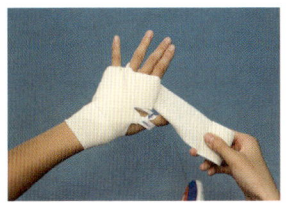
⑨手のひらの方から

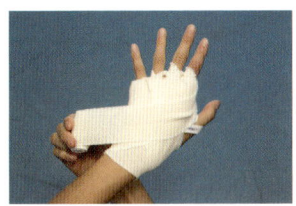
⑭中指と人差し指の間も同様に巻く

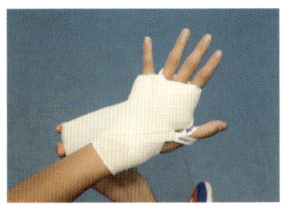
⑩手の甲へ回して、手首へ

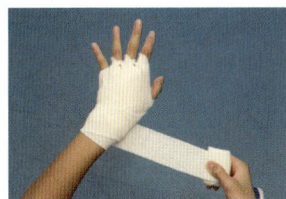
⑮手の甲へ回して、手首へ

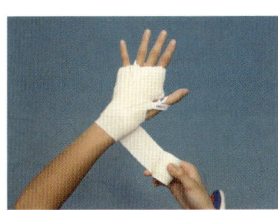
⑪手首から、薬指と中指の間へ

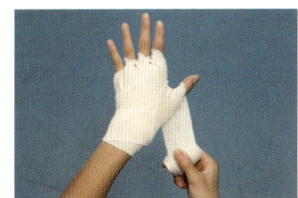
⑯親指も同様に指の股から通して巻く

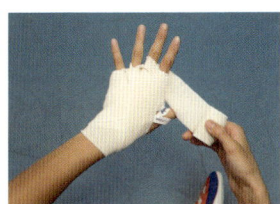
⑫手のひらの方から

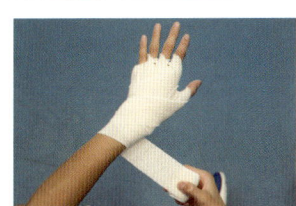
⑰手の甲から手首に戻し

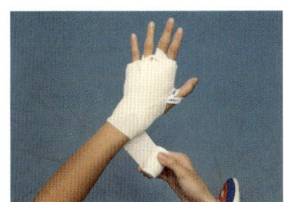
⑬手の甲へ回して、手首へ

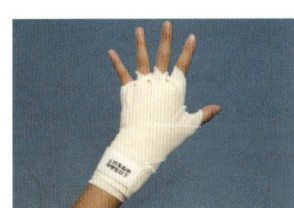
⑱余ったバンデージを手首に巻いてできあがり

ここがポイント
POINT

きつすぎない? ゆるすぎない?

巻き終わったら、拳をしっかり握ってみて、血の流れが止まるほどキツくないか、確認しましょう。そして、ゆるみがないかもチェック。とくにナックルのクッション部分がしっかり固定されて、ずれないかどうかを確かめましょう。

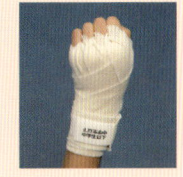

17

ファイティングポーズをマスターしよう

　ファイティングポーズ。ボクサーのシンボルのような姿勢です。何気なく構えているように見えて、何より大事な構え。すべての攻撃はこの姿勢から始まります。そして、ボクシングで狙われる部分（有効打、得点打となるところ＝上半身の前面のみ）を守る準備ができた姿勢です。ポイントをおさえ、攻撃の後もディフェンスの後も正しい基本姿勢に自然にもどれるよう、体に覚えこませましょう。

右構え（オーソドックス）

右拳はアゴを守る

左拳は目の高さで、少し斜め前に出し、ジャブがスムーズに出る場所。目と拳の間に空間をつくる。左拳はその空間全体を守るイメージ

これが基本姿勢

鏡に向かい、足のスタンスをとってみよう。左右は肩幅くらい、前後には自然な歩幅。
アゴを引き、左肩を前に、右肩を引いて両拳を構える。視線は常に前！　相手の動きをよく見る

左構え（サウスポー）

オーソドックスとサウスポー

右足・右拳を後ろに引いた構えを右構え（オーソドックススタイル）、左足・左拳を引いた構えを左構え（サウスポースタイル）といいます。ボクシングでは一般的に、強いパンチを打てる「利き手」を後ろに引きます。

第1章　相手と向き合う前に

ここを打つと効く！

急所のおはなし

　ボクシングで守るべきは、急所、と呼ばれるところです。急所を打たれると、頭の中で脳が揺れたり、息ぐるしくなったり、ダメージを受けます。頭部では、アゴの先（チン）、下アゴ（ジョー）、こめかみ（テンプル）。胴体では、みぞおち、みぞおちの下（胃＝ストマック）、右わきばら（肝臓＝レバー）。しっかり守る意識を持ちましょう。

ファウルについて ②

　ボクシングで打っていい場所は、上半身前面、ベルトラインよりも上のみです。つまり、背中側へのパンチ（バックブロー）、後頭部へのパンチ（ラビットブロー）、下半身へのパンチ（ローブロー）などは、反則です。注意されるだけでなく、危険行為とみなされて一発失格になることもあります。

構えてみよう

正しい構え

アゴが上がってしまっている。パンチをもらいやすい

わきがあいている。ボディを狙われやすい

ヒザが伸びきってしまっている。もしもパンチをもらった時にふんばれない

19

ボクシングは「距離」のスポーツだ！

ボクシングで大事なのは、なんといっても「距離」です。近い距離、ちょうどパンチが当たる距離、それよりも遠い距離。相手との距離もしくは位置によって、効果的なパンチも防御の方法も変わります。それを使い分けるためにまずは、ボクシングでもっとも大切な「距離」の感覚を身につけましょう。

中間距離
（ミドルレンジ）

踏み込むことなくジャブが当たる距離

お互いにとって、打てるし、打たれる距離。効果があるぶん、危険もある。もっとも緊張感のある距離といえます。

「前」と「後ろ」

四角いリングの中で戦うボクシング。「前」といったらどこ？「後ろ」とはどこのことでしょう？ あくまで「前」とは、相手がいる場所です。「後ろ」はその逆。「前へ出る」といったら、相手に近づくこと。「後ろへ下がる」といったら、相手から離れることを意味します。

第 1 章　相手と向き合う前に

近距離（ショートレンジ）
お互いの体が触れ合う距離

接近戦となる距離のこと。ストレート系パンチは伸びきらないので効果は落ちますが、ボディへも顔面へも、アッパーやフックが当たりやすくなります。ブロッキングと、カラダを動かすことで防御をします。

一歩距離を詰める

遠距離（ロングレンジ）　そのままではパンチが届かない距離

ストレートを伸ばしてもパンチは届かない、長い距離です。お互いに、そこから踏みこんでパンチを当てることになります。いちばん相手に近い前の手（ジャブ）で誘ったり、フェイントをかけたりしながら、踏みこむタイミングをつくりだす。この距離からパンチを当てるためには、相手に一歩近づき、一歩下がる、「出入り」の鋭さ、速さを磨く、といった練習が必要です。

21

ステップワークをマスターしよう① 前後への移動

「打たせずに打つ」ボクシングは、距離のスポーツ。その距離を自由自在にあやつるステップワークがいのちです。自分が進みたい方向へ前足（左足）を出し、後ろ足を引き寄せる。自分が下がりたい方向へ後ろ足(右足)を引き、前足を引き寄せる、それが基本です。いつでも攻撃・防御をスタートできるよう体のバランスを保ちながらの足さばきを、マスターしましょう。まずは前後のステップ。相手に近づく、相手から離れる、基本の前後のステップワークです。

重心は
いつでも
骨盤の真下

右足の移動幅

左足の移動幅

前へすすむ
①自分が進みたい方向へ、左足を出します
②足の位置を変えても重心は常に骨盤の真下。前のめりにならないように
③進んだ方向へ、右足を引き寄せます。元のスタンスと同じ幅になるように

第1章　相手と向き合う前に

後ろへ下がる

①右足を下がりたい方向へ下げます
②重心の位置を意識。上体が前のめり、のけぞることのないように
③右足を下げた長さだけ、左足を引く

ここがポイント POINT

すり足と柔らかいヒザ

足の移動は、床をすべらせるように、常に「すり足」で行います。そして、ヒザは軽く折って柔らかく動かす。地に足がついて、ヒザを柔らかく使ってステップを踏むことで、いつでも、攻め、防ぐ動作にうつれるからです。

どんなにステップをしても、上体は常に基本の構えをキープ。前へも後ろへも、ステップは常に同じ歩幅で。常にバランスを保つことが大事です

23

ステップワークをマスターしよう② **左右への移動**

| 基本のスタンスに戻る | 右足が移動した分だけ左足も右へ | 基本のスタンスから右足を一歩右へ | 右足が移動した分だけ左足も右へ | 基本のスタンスから右足を一歩右へ |

右へ2歩、移動する

前後のステップと同様に、右へ進みたい時は、先に右足を進みたい方向へ出し、左足を引き寄せます。

| 基本のスタンスから左足を一歩左へ | 左足が移動した分だけ右足も左へ | 基本のスタンスに戻る 左足を一歩左へ | 左足が移動したぶんだけ右足も左へ | 基本のスタンスに戻る |

左へ2歩、移動する

左へ進みたい時は、先に左足を進みたい方向へ出し、右足を引き寄せます。ステップは常にすり足で、動きはすばやく。これが鉄則です。

第1章　相手と向き合う前に

こんなステップもあります

相手に対する位置どり（ポジション）を変える横へのステップです。★の位置に相手の前足の先があるとします。＜左へ＞左足を左ななめ前へ移動させ、その左足を軸に体を時計回りに回転。向きたい方向へ視線がきたところで右足を置き、その角度で基本姿勢をとります。右への移動は、その逆。瞬時にして相手の正面から逃れることができ、相手のパンチをよけることができます。また、ロープ際から横へ逃れる時などにも使えます。

どんなときも足は交差させない

ボクシングのステップでは、足が交差することはありません。いつも左足は右足の左側にあり、右足は左足の右側にあります。そして、左足のつま先は、常に相手の方向を向いているように。

相手との距離のつくり方① 前後のステップで

本書はじめの対談で井上選手も話していたとおり、ボクシングを始めたばかりのころはとくに、ステップワークの練習を大切にします。そして、バランスを崩さずにすばやく前後左右、しっかりと動けるようになったら、次は、そのステップを攻撃・防御の動きとつなぎわせて、相手との距離をつくる練習をしてみましょう。

ステップイン

ステップインとステップアウト

練習してきた前後のステップを、すばやい動きで行います。長距離から、タイミングを見て相手にパンチが届く距離に踏みこみ（ステップイン）、相手のパンチが飛んでくる前に離れる（ステップアウト）時に使います。ステップワークそのものが、相手に対する位置どりの変化による、攻撃と防御です。繰り返しになりますが、ボクシングは「距離」と「ポジション」のスポーツ。この位置どりの変化だけで「打たせずに打つ」感覚を体に覚えこませることが、とても大事です。

ステップアウト

ステップバックして、相手の右ストレートをよける

ステップインしながら、右を打ち返す

ステップバックからステップイン

さらに、ステップを使った防御からの攻撃です。相手がパンチを打つ動きに入ったら、一歩ステップバックします。そしてパンチをかわし、すぐにステップインしてストレートパンチを打ち返します。

相手との距離のつくり方②
サイドステップで位置どりを変える

サイドステップで相手のパンチをはずし、パンチを打つ

横へのステップをすばやく行います。相手がパンチを打つ動きに入ったら、すばやく横へ動（サイドステップ）いてかわし、すかさずパンチを打ちこみます。この場合、横へ動くことで相手の正面からはずれることができ、同時に、自分自身は相手の側面を打つ角度に立つことができます。

サイドステップで、相手のパンチが当たらない場所に移動する

ステップの練習で常にバランスを保てるようになっていれば、ステップで相手のパンチをよけた後、その位置からすぐに攻撃を始めることができます。下を向かず、いつでも相手から目を離さないクセをつけましょう。

第1章 相手と向き合う前に

よけたら打つ、これがボクシングの鉄則です。相手がパンチを打った時は、相手のガードが一つ崩れているので、そのガードがあいたところを狙います。この写真の赤いコスチュームの選手は、打ったら打ちっぱなしにせず、すばやくガードを戻す必要があります。

ここがポイント

いつも足もとの力を感じよう

ステップはいつも「すり足」で、移動しても常に基本姿勢に戻らなければならないというお話をしました。これは、スムーズに攻防にうつるためでもあり、そして、パンチのパワーを大きくするためにも大事なことです。基本姿勢をとり、足のうらで床からの力をしっかり受け取るのです。この時、体重と同じだけの力を、床から得ることができます。この力が、パンチのパワーにつながります。練習の段階でしっかり、足もとの力を意識するようにしましょう。

29

コラム 1

最初のワクワク感を、忘れない

　ボクサーに憧れる人はきっと、はじめてバンデージを巻いてファイティングポーズをとった瞬間、ものすごくワクワクすると思います。夢に一歩近づいたような、体中の血がわくような感じ。その感動を、ずっと忘れずにいることが大事です。

　"怪物"と呼ばれる井上尚弥選手も、小学1年生でボクシングを始めた時、毎日毎日ステップワークを、泣きながら練習していたと話していました。毎日同じことをくりかえす練習は、たしかに退屈でつらいものです。ボクシングを続けてレベルが上がれば、負けることもあるし、伸び悩んだり、つらいことはいくらでもあります。私自身もそうでした。

　でも、そうやって壁にぶつかるたびに、はじめて拳をにぎった時のワクワクした気持ちを思い出すようにしました。そうすると、また力が湧いてきました。そうして、ずっと目標にしてきた世界チャンピオンになることができたのです。

　始めたばかりのころって、何でも楽しいですね。少しずつ、できることがふえていくのも、うれしいですね。続けているうちに、そのワクワク感、喜びは、忘れてしまいがちです。

　でも、思い出しましょう。なぜ自分はボクシングを始めたのか。最初のワクワク感を。すると、壁を乗り越えられます。緊張を超えて、リングの上でもワクワクすることができた時、自分の力をはっきすることができるのです

第2章
「打つ」と「よける」はいつもセット

基本姿勢とステップワークを体にしみこませたら、次はいよいよパンチとディフェンスの技術を学びます。

パンチの基本を覚えよう① ジャブ

たよれる前の手、ジャブをマスターしよう

前の手である左のストレート、ジャブ。相手にいちばん近いところから出すパンチですから、いちばん当たりやすいパンチでもあります。ボクシングでは"左を制するものは世界を制する"と言われるくらい、大事なパンチ。相手との距離をはかる、相手にさそいをかける、ときには強く突き刺して相手をびっくりさせることもできる、いちばん"使える"パンチです。まずは基本の顔面へのジャブ、ボディへのジャブをマスターしましょう。

基本のジャブ

基本姿勢からスタートし、左拳をガードの位置からまっすぐ前へ伸ばします。腕が完全に伸びきる瞬間、拳に力をこめます。打ったら打ちっぱなしにならないように。パンチはいつも、打ったら引く、が鉄則です。同じ軌道ですばやく引き戻します。

» CHECK　かがみでチェック ✔

☐ アゴを引き、左肩でしっかりガードできていますか？

☐ ジャブを伸ばした瞬間、顔面の急所が相手から見えないようガードできていますか？

☐ 打ち始め、打ち終わりは正しい基本姿勢に戻っていますか？

第2章 「打つ」と「よける」はいつもセット

ボディへのジャブ

　基本姿勢から、かるくヒザを折って重心を下げながら、左拳をガードの位置からまっすぐ出します。まとに狙いを定めて上体を下げながら左を伸ばし、インパクトの瞬間に拳に力をこめます。同じ軌道ですばやく引き、基本姿勢に戻ります。

» CHECK
かがみでチェック ✓

☐ 上体を下げてもアゴが引けていますか？
☐ おでこはつま先より前へ出ていませんか？

ここがポイント POINT

拳はタテ？ ひねる？

パンチを当てる瞬間の拳の向きは、タテとヨコ、状況や目的で使い分けます。ひねりを入れずにタテのままなら、相手のガードのすきまを通りやすく、軽く速いパンチも打てます。当てる瞬間に拳をひねると、力が入りやすく、インパクトも大きくなります。タテのパンチがうまく打てるようになったら、次はひねりを入れて強いパンチを練習してみましょう。

33

パンチの基本を覚えよう② **右ストレート**

まっすぐに前へ！ そしてすぐに引く

いちばん長い軌道で、まっすぐ出して、まっすぐ戻す、右ストレート。シンプルに見えて、きれいに打つのはとっても難しいパンチで、勇気も必要になります。でも、しっかりと拳に力をつたわるように打てるようになると、たいへんなパワーを持ち、あなたの武器になるパンチです。

上（顔面）への右ストレート

基本姿勢において、相手から遠い位置に構えている後ろの手・右拳を、目標に向かってまっすぐに打ち出し、同じ軌道ですばやく元のガードの位置に戻します。上体を回転させながらパンチを前に出し、自分の体重をしっかりと右拳に乗せます。

》CHECK　かがみでチェック✔

□ 左のガードは落ちていませんか？

□ 前から見た時、グローブで自分のアゴがかくれていますか？

□ パンチの打ち始め、右のわきがしまっていますか？

□ 右を伸ばし切った時、その肩でアゴがかくれていますか？

第2章 「打つ」と「よける」はいつもセット

下（ボディ）への右ストレート

顔面に向かって打ちこむ時と同じ、基本姿勢からスタート。右拳を、ガードの位置から相手の腹へ向かって打ち出します。この時、右足をけりながら上体を回転させ、左ヒザを軽く曲げて腰を落とし、自分の体重をしっかり拳に乗せます。そして同じ軌道ですばやく元のガードの位置に戻します。

Boxerのオキテ
相手も狙っている！ それを意識しよう

右ストレートは、打ち終わりに気をつけ、すばやく引き戻すことがいちばん大事です。なぜなら、長い軌道の右ストレートを出すとアゴを守るガードがひとつはずれることになり、相手は、そこを狙ってくるからです。自分がパンチを打った時は、自分も打たれる危険がある。いつでもそう考えて、打ちだしたパンチはできるだけ早く、元のガードの位置にもどすクセをつけましょう。

》CHECK
かがみでチェック ✓

☐ 左ヒザを曲げて、腰を落とし、低い体勢になっていますか？

☐ 打ち始めから拳を元に戻すまで、相手をしっかり見ていますか？ ボディを打つ時も、最初の視線は相手の目を見ます。

パンチの基本を覚えよう③ 左フック

距離によってヒジの角度を変えて打つ

　相手にいちばん近いところにある左拳を使うので、ほかのパンチに比べると打ちやすい左フック。くの字型に腕をまげて、腰を回転させながら、相手のサイドを狙うパンチです。力をこめやすいので、フィニッシュパンチになりやすい一打でもあります。ロング、ショート、距離によって打つ角度を変え、正しくナックルが当たるようにします。なれてくると、打ちやすいぶん、打ち始めにわきがあいたり、ガードが落ちたり、悪いクセがついてしまいがち。最初に力がしっかり入る、正しい打ち方をおぼえましょう。

近距離、中距離の左フック

基本姿勢から、腰を回し左ヒジをやや後ろに引きながら、左足に重心を乗せます。そして体の元に戻ろうとする回転を使って左パンチを振ります。そしてコンパクトにヒジをたたみ、すばやく左拳を最初のガードの位置に戻します。

» CHECK かがみでチェック ✓

□ 左拳がターゲットをとらえた時、腕は水平になっていますか？こうすると相手からアゴが見えず、ディフェンスも兼ねられます。

□ 右のガードは上がっていますか？左フックは相打ちを狙われやすいパンチ。常にガードは上げておきましょう。

第2章 「打つ」と「よける」はいつもセット

長い距離の左フック

顔面に向かって打ちこむ時と同じ、基本姿勢からスタート。腰を回転させながら左足に体重を乗せ、左ヒジを引きます。そこから遠くにある目標に向かって腕を伸ばし、インパクトの瞬間に拳をしっかりにぎってナックルパートでしっかりとらえます。そして体を戻しながら、短い軌道で左拳を基本姿勢に戻します。

» CHECK
かがみでチェック ✓

□ 左拳がターゲットをとらえた時、水平になった腕全体で自分のアゴがガードできていますか？

□ 遠くへ向かってパンチを出しても、おでこがつま先よりも前に出てはいませんか。

37

パンチの基本を覚えよう④ 右フック

上級者向け。キケンだけど効果も大

　右フックはやや上級者向けです。相手からいちばん遠いところにある右拳を、外側から相手に打ちこむパンチ。鏡の前で打ってみればわかります。この動きをすると、打たれそうな「スキ」がたくさんできること。キケンなパンチ。だから、相手を注意深く見ながら、打たれずに打つ工夫が必要です。難しいことですが、自分のものにすると一発で大きな効果があります。距離によって打ち分けることができると、大きな武器になります。

》CHECK
かがみでチェック ✓

□ 左足に体重を乗せて上体を少し左にかたむけ、下を向かず、相手を見ながら打てていますか？

□ 腰をしっかり回転させて、右拳に力を伝えられていますか？

近距離・中間距離での右フック

基本姿勢から、左足に体重をかけ、右足をけりながら上体を回し、その体の回転に乗せて右拳を外側から目標に打ちこみます。できるだけすばやく基本姿勢に戻ります。体重移動、体の回転によって、右フックはパワーを持ちます。相手のパンチも当たる距離にいますから、スキをできるだけ少なくするように、大振りにならないよう気をつけましょう。

第2章 「打つ」と「よける」はいつもセット

長い距離の右フック

基本姿勢から左足に体重をのせ腰を少し落とし、右足をけって腰の回転とともに右拳を遠くのターゲットに向かって打ちこみます。できるだけすばやく基本姿勢に戻りましょう。

» CHECK
かがみでチェック ✔

☐ 近い距離にくらべて、重心を下げられていますか？

☐ 右のパンチを伸ばしても、おでこがつま先よりも後ろにありますか？

☐ 悪い例。振りが大きすぎたり、上体が前のめりになると、バランスが崩れて相手に打つチャンスを与えてしまいます。

39

パンチの基本を覚えよう⑤ 左アッパー

相手に見えないところから突き上げてみよう

左アッパー。相手に近い方の拳で、下から上方向へ突き上げるように打つパンチです。顔面へは、相手のガードがハの字になっている時に、そのすきまに打ちこみます。ボディへのアッパーは、肝臓や胃（→P19の「急所」）へ、相手が顔面ばかり気にしている時に。ボクサーは通常前を見ていますから、下からのパンチは、見えていないことがほとんど。ふいに飛んでくるパンチこそ、効きます。

» CHECK かがみでチェック ✓

□ しっかり左肩と左ヒジを後ろに引いて、打ち始めが相手から見えないところにありますか？

□ 大振りにならず、コンパクトな動きができていますか？

上（顔面）への左アッパー

基本姿勢から、左足に体重を乗せながら左ヒジを少し後ろに引きます。そして、上体を右に回しながら、その回転に乗せて左拳を上方向へ突き上げます。ターゲットをとらえたら、すばやく基本姿勢に戻ります。

40

第2章 「打つ」と「よける」はいつもセット

下（ボディ）への左アッパー

基本姿勢から左足に体重をのせ、顔面への左アッパーの時よりもやや大きめに左ヒジを後ろに引きます。右に体を回転させながら、ななめ前方向、相手のストマック、レバーを狙って左拳を突き上げます。できるだけ最短距離で左拳を引き戻し、基本姿勢に戻ります。

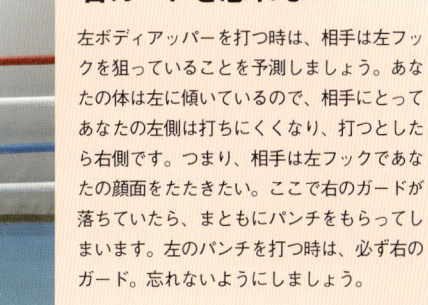

Boxerのオキテ

右ガードを忘れない

左ボディアッパーを打つ時は、相手は左フックを狙っていることを予測しましょう。あなたの体は左に傾いているので、相手にとってあなたの左側は打ちにくくなり、打つとしたら右側です。つまり、相手は左フックであなたの顔面をたたきたい。ここで右のガードが落ちていたら、まともにパンチをもらってしまいます。左のパンチを打つ時は、必ず右のガード。忘れないようにしましょう。

パンチの基本を覚えよう⑥ 右アッパー

長い軌道で突き上げる後ろの手

　相手から遠いところにある右拳を下から上方向へ突き上げる、右アッパー。相手のガードのスキに打ちこみたいパンチです。突き上げる角度を変えることによって、さまざまな距離で使えます。コンビネーションの中に組み込むと、より当てやすくなりますし、自分の危険をすくなくすることができます。動きが大きい分、相手に狙われるスキも大きくなります。すばやい動きでパンチを出し、打ったらすぐに基本動作に戻りましょう。

基本の右アッパー

基本姿勢から、やや腰をおとし右足に体重を乗せながら、右肩・右ヒジを少し後ろに引きます。体重を左足にうつしながら、右拳をななめ前方へ向かって打ち出します。できるだけ最短距離で右拳を引き戻し、基本姿勢に戻ります。

第2章 「打つ」と「よける」はいつもセット

» CHECK
かがみでチェック ✔

☐ 打った瞬間、相手から自分のアゴがかくれていますか？

☐ 大振りにならず、コンパクトな動きができていますか？左のガードはできていますか？

ここがポイント POINT

ターゲットによって突き上げる角度を変える

　右アッパーは、近い距離でも遠い距離でも、また顔面・ボディ、どちらでも、角度を変えることによって、さまざまな場面で使うことができます。相手のストマックを狙いたいなら、水平に近い角度で前に突き出す。その右拳をより上方向に角度をつけて突き上げれば、アゴをとらえることができます。コンビネーションの中で相手のガードを崩しながら、上手に使いましょう。

43

ディフェンス技術を覚える① 腕を使ってよける方法

両方のグローブ、ヒジ、肩すべてを使おう

打たせずに打つのが、ボクシング。あなたも相手も、その体一つだけで、いかにして急所（19ページ）を打たせずに打つかを考えなければなりません。

まず、足を使って距離をコントロールして、パンチをもらわない相手との位置どりを覚えました。距離、ポジションによって、相手のパンチを体に触れさせないようにするのが、一番です。その次に考えるのが、二本の腕をいかに使いこなして、パンチをよけるかです。

右グローブで顔面へのパンチをブロック

右グローブでボディへのパンチをブロック

左グローブで顔面へのパンチをブロック

左グローブでボディへのパンチをブロック

ブロッキング

腕のあらゆる部分を使って、飛んでくるパンチが急所に入るのを防ぐのが、ブロッキングです。基本姿勢を大きく崩すことなく、最小限の動きでパンチをよけます。よけたらすぐに、攻撃にうつることが大事です。グローブで顔面を守る、右ヒジを少し下げてボディブローをよける、肩を上げてアゴをかくす、すべてブロッキングです。

第2章 「打つ」と「よける」はいつもセット

ショルダーブロック

エルボーブロック

パーリング

ブロッキングによく似た防御ですが、グローブで相手のパンチをはらいのけるようにするのがパーリングです。これも、バリーの動きは最小限におさえて、バランスを崩さず、すばやく次の動作にうつれるようにするのが大切です。

右グローブで顔面へのパンチをバリー

右グローブでボディへのパンチをバリー

45

左グローブで顔面へのパンチをパリー 　　　　左グローブでボディへのパンチをパリー

Boxerのオキテ
動きは小さく！ すぐに攻撃にうつれるように

ブロッキング、パーリングともに、パンチをよけるための動きはできるだけ小さくします。体のバランスが崩れず、相手の次の攻撃にそなえることができるとともに、自分の攻撃にもうつりやすくなります。

✗

悪い例。パリーした時に体がのけぞり、バランスが崩れてしまっている。

46

第2章 「打つ」と「よける」はいつもセット

ディフェンス技術を覚える② ボディワークで守る方法

止まったら打たれます。いつも動いて動いて！

さて、打たせずに打つ、ボクシング。理想は、相手のグローブを体にふれさせないことです。当たらないポジションに立つことと、ボディワークでパンチをよける、という方法があります。体の動きでよける、ということです。止まっているサンドバッグは打ちやすいのと同じで、止まっている相手は打ちやすい。つまり、動いていると、打たれにくい、ということ。ヒザを柔らかく使って、バランスを崩さず、いつでも攻撃にうつれるように。体の動かし方を学びましょう。

ダッキング

ヒザのバネを使い、上体を低くして相手のパンチをかわします。リズムよく、ガードはきちんとしたままで。そして、いつも相手から目を離さないことが大事です。

悪い例
ヒザを使わずに上体だけを折ってしまい、下を向いてしまっています。これでは次の動作にうつることができません。

47

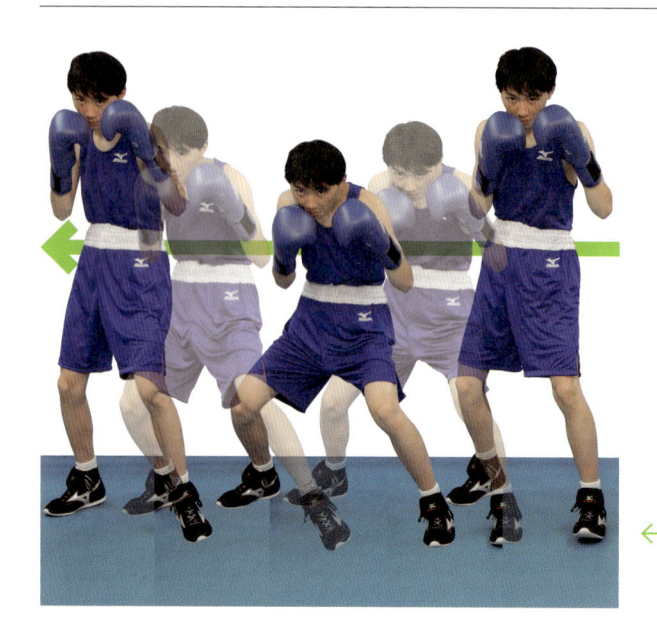

ウィービング

Uの字をえがくように体を動かします。頭の位置が上下に変化するので、ウィービング&ボビンとも呼ばれます。ヒザを柔らかく使い、左から右へ、右から左へと体重を移動させながら、相手のパンチをかわします。この時ももちろん、ガードはしっかり。相手から目を離さないように、意識しましょう。

ここがポイント POINT

よけたらすぐ打てる体勢に

相手から目を離さず、しっかりとパンチをかわし終わったら、すぐに攻撃にうつる体勢ができています。

上体だけを動かすとバランスが崩れる

悪い例。頭の位置を変えようとして、頭だけ、上体だけを動かすと、バランスが崩れて次の動きにうつれません。必ずヒザを使い、下半身と上半身の動きがバラバラにならないようにしましょう。

第2章 「打つ」と「よける」はいつもセット

スウェーバック

上体を少し後ろに引くことで、相手のパンチをかわす動きです。相手のパンチが想像より伸びてくることがあるので、よけきれない、という危険もあります。そして、大きくのけぞると、バランスが崩れやすいので、ぎりぎりでかわすのがグッド。よけたらすぐに攻撃にうつれるよう、すばやく基本姿勢に戻りましょう。

Boxerのオキテ

どんな時も必ずガード。アゴを引くことを忘れない

悪い例　これではせっかくよけても、追いうちをかけられてしまいます。スウェーバックしている時でも、もちろん基本のガード、そしてアゴを引く。これは、相手と向かい合う間はどんな時も忘れてはならないことです。

左へよける　　　　右へよける

相手の正面からはずれる方向へよける

ヘッドスリップ

頭の位置を少し変えることで、相手のストレートパンチを"スリップ"させます。ヒザを柔らかく、体全体を使って頭の位置を変えます。左へ頭をずらす時は、左足に体重を乗せ、右へ頭をずらせたい時は、右足に体重をかけます。

ディフェンスとパンチを組み合わせてみる

よけたら打つ！ のいろいろ

　一つ一つの動きがきちんとできるようになったら、それを組み合わせてみます。リングの上で相手と向かい合ったらいよいよ、打ったらよける、よけたら打つ。これが大事です。相手のパンチをよけたらよけっぱなしではなく、よけた時、すでに攻撃のスタートの体勢になっているのが、理想です。ディフェンスをし終わった体勢から打ちやすいパンチがあります。いくつかの例を挙げてみましょう。

1. ブロッキングから左ボディアッパー

　相手が打ってきた左フックを右グローブでブロッキング。その時は左足に体重が乗っていて、顔をかくしている状態。つまり、左ボディアッパーを打つのにちょうどよいかたちです。右足に体重を移動させながら腰を回し、左ボディアッパーを突き上げます。

第2章 「打つ」と「よける」はいつもセット

2. パーリングからジャブ（左ストレート）

相手のジャブを、右グローブでパーリングして、できるだけすばやく左ジャブを返します。相手にプレッシャーを与え、自分のペースをつくるのに有効なジャブ。相手のジャブを防いだら、すぐに自分のジャブを出して自分にペースを引き寄せましょう。

Boxer のオキテ

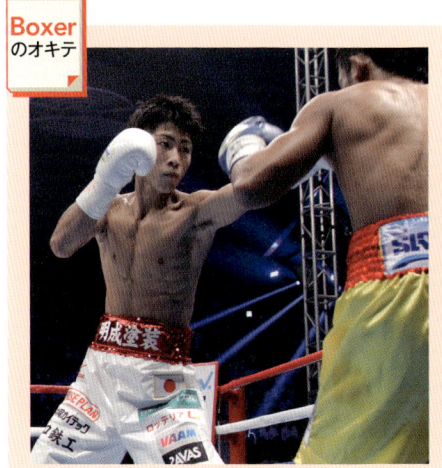

ガードしたら打ち返す！

防御と攻撃はいつもセット。ブロッキング、パーリング、腕を使ってガードでパンチを防ぐディフェンスのときは、とくに、打ち返すことが大事です。試合に出た時、ずっとガードしてばかりでパンチを出さないでいると、相手はどんどん打ってきます。急所にパンチをもらっていなくても、あなたは「負けている」ようにジャッジには見えてしまいます。ガードのディフェンスは、ボディワークによるディフェンスにくらべて動きが小さいぶん、攻撃にすぐにうつりやすいですね。相手をよく見て、ブロックしたら、パーリングしたらほぼ同じタイミングでパンチを出す、このクセをつけることが大事です。

51

3. ダッキングから右ボディストレート

ヒザをかるく曲げて重心を落とし、ダッキングで相手の左フックを空振りさせます。

相手の左フックをダッキングでかわし、ダッキングした低い姿勢から右ストレートを相手のストマックに送りこみます。左フックを打った時はヒジでボディをガードできないので、そのガードのないボディを打つのです。

第2章 「打つ」と「よける」はいつもセット

4. ヘッドスリップから左ボディアッパー

相手のジャブが飛んできたら、ヒザを使って左足に重心をのせ、パンチをかわします。そのとき左足に体重が乗っているので、その姿勢から右足に体重を移動させ、腰を回転させながら、左ボディアッパーを打ちます。

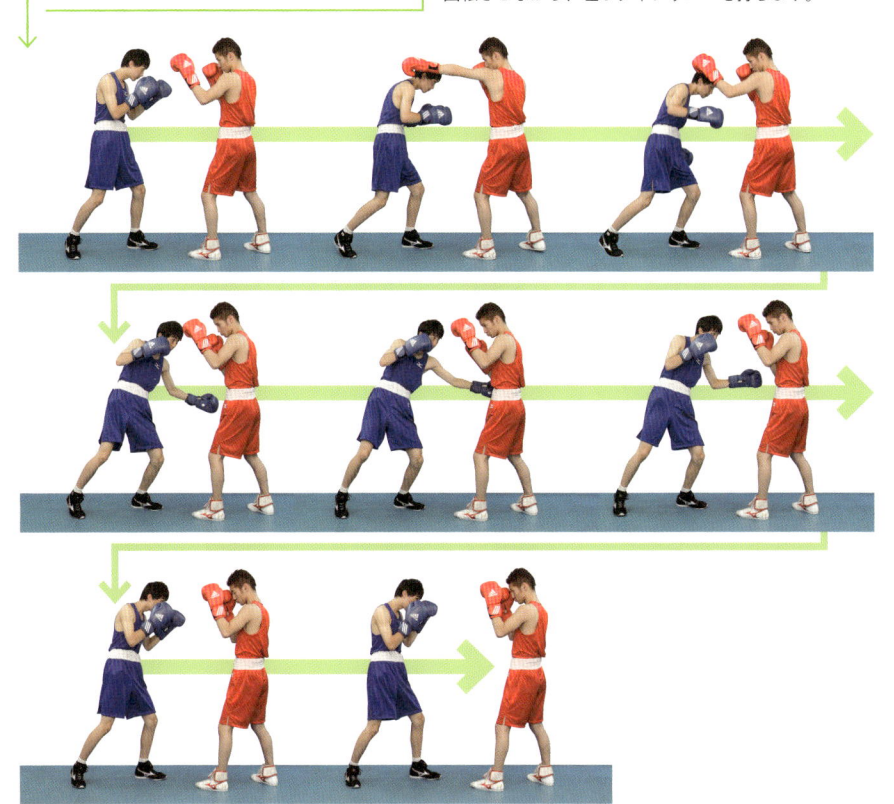

ここがポイント

空振りさせると、相手はつかれます。

ボクシングのディフェンスは、ポジショニング、ガード、ボディワーク、あらゆる方法を織り交ぜて、行います。繰り返しになりますが、理想は、相手にパンチを当てさせないことです。ブロッキングだけだと、少しはぐらつくかもしれません。が、空振りさせたら、どうでしょう。あなたの体勢は崩れることなく、相手のバランスを崩すことができます。そして、空振りというのは、とても疲れるもの。気持ちもあせります。そんな効果もありますので、なるべくパンチを触れさせない。これをめざしましょう。

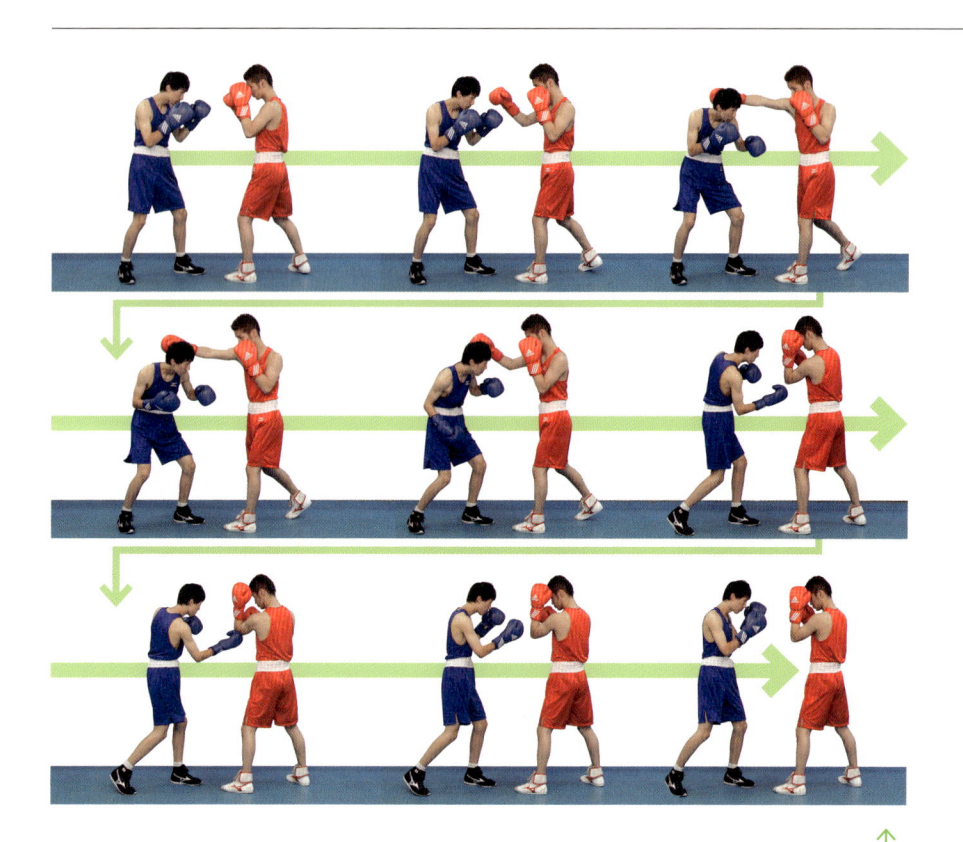

5. ヘッドスリップから右アッパー

相手の右ストレートを、右にヘッドスリップしてよけます。この時、右足に大きく体重がかかっていて、やや低い姿勢になっています。そこから左足に体重を移動させながら腰を回し、右アッパーを突き上げます。

ファウルについて ③

防御のためのさまざまな体の使い方を学びました。が、これらの技術もあまりに長く続けたり、相手の動きを妨げる行為とみなされると、反則になります。近距離戦での手さばきであるクリンチワークも、相手の腕や体をかかえこむとホールディングになります。距離をとろうとして相手の体を押してしまうと、プッシング。また、ストレートを出したままグローブで相手を押して遠ざけようとする行為も、ライイングオンという反則です。注意が重なると減点をされますので、気をつけましょう。

第2章 「打つ」と「よける」はいつもセット

6. スウェーバックからジャブ、右ストレート

相手のジャブをスウェーバックでよけます。体を前に戻す力を利用して、ジャブ、右ストレートを出します。さらにいうと、ここで相手は顔の防御を意識しているので、ボディの防御がありません。次はボディブローが当たりそうです

Boxerのオキテ

ジャブを当てさせない。

相手のパンチをすべてよけられたら、最高です。でもまずは、ジャブをもらわないイメージを持ちましょう。ジャブは、距離をはかったり、攻撃のきっかけづくりのための、"いちばん使うパンチ"です。まずは、これを当てたいとボクサーは考えます。逆に考えると、これが当たらないと、リズムに乗りにくいのです。ガードでブロッキングするだけよりも、ボディワークでかわす方が、相手のリズムは崩れます。まずはジャブを当てさせない。大事な心がけです。

55

コラム 2

正しいクセをつけることが、ボクシングの練習

　ボクシングの練習は、動きを体に覚えこませることです。正しい動きを毎日繰り返し練習することで、その正しい動きを「クセ」にしてしまうのです。

　ですから、最初にきちんと、正しい形を学ぶことが大事です。そして、もう一つ大事なのが、一流ボクサー、上手な人のボクシングを見ることです。頭のなかに、ボクシングというスポーツの動きの「イメージ」を持つ。これが、うまくなる早道です。一流選手は、どんなふうに動いているのか。ジャブ、コンビネーション、ディフェンス、正しい技術をつなぎあわせると、こんなふうになります、というお手本が、そこにあります。つながっている動きの一つ一つをよく見ると、基本がきちんとできていることにも気づくでしょう。とくにアマチュアでは基本を大切にして戦いますので、参考になります。ジムでは、そういう、ボクシングのイメージを頭に持って、マネするつもりで、練習してみましょう。

　憧れのボクサーのかっこいい動きが、あなた自身のクセになるように。鏡の前で、なりきって動いてみましょう。

第3章
技術を組み合わせてみる

ステップにパンチ、ディフェンスワーク。
ボクシングの流れるような動きは、
これらの基本動作が組み合わさってできています。

→ ジャブを使いこなす！

相手の防御をくずすための打ち分け

　ここからは、正確に打てるようになったパンチの有効な使い方、組み合わせ方、を学んでいきます。

　ものすごく強いパンチを打てる、としても、その一発を当てるのは、とても難しいもの。なぜなら相手は、パンチをもらうまいとしてよけるからです。だから、パンチをつないで（＝コンビネーション）攻撃を組み立てます。左右の拳を使って、相手の防御を崩してパンチを当てるのです。

　コンビネーションには数かぎりない組み合わせがあります。いくつかの例を見て、コンビネーションの発想を学びましょう。まずは、ジャブの組み合わせからです。

1. ダブルジャブ

　ジャブを2発、続けて打ちます。基本姿勢からまっすぐに左ジャブを出し、すばやく引き戻して、さらにもう一発、ジャブを出します。安全な距離を守りながら攻撃をしかけられ、相手の反応を見ることもできます。

第 3 章 技術を組み合わせてみる

Boxerのオキテ 1発目、2発目で変化をつける

攻撃のきっかけづくりに、ジャブを続けて打つ場合は、ダブル(2発)でもトリプル(3発)でも、パンチのスピード、強さ、角度に変化をつけると、相手をとまどわせることができます。その次のパンチも当たりやすくなります。

2. 顔面へ、ボディへのジャブ

一つめのジャブを顔面へ、二つめをボディへ。またはその逆。上下に打ち分けることで、相手のガードを崩します。顔面へのジャブで相手の注意を顔面へ引き寄せ、ガードが上へ上がったところで、防御がないボディへ向かって、すばやくジャブを送りこみます。

ツーパンチ・コンビネーションのいろいろ

かぎりなく広がるパンチのつなぎ方

ワン・ツー！ トレーナーさんがボクサーに出すアドバイスで、よく聞く言葉です。ワン、ツー。左・右、右・左の二つのパンチのコンビネーションのことです。1＝ジャブ、2＝右ストレート。この組み合わせが、もっとも知られた基本のワン・ツーです。が、ワン・ツーの組み合わせはいくつもあります。相手との攻防の中、状況に応じて、パンチを選びます。

1. 基本のワン・ツー

基本の「ワン・ツー」です。左のジャブで目標をさだめ、左拳を引き戻しながら、腰の回転に乗せて右ストレートをまっすぐに打ちこみます。このとき、左拳がガードの位置に戻っているように気をつけます。

強い右ストレートを打った時、かならず右の肩でアゴがかくれているよう、クセをつけましょう。

60

第 3 章　技術を組み合わせてみる

2. ボディへの ワン・ツー

　基本のワン・ツーの右ストレートを、ボディへ向かって打ちます。強めのジャブを顔面へ向かって放ち、相手のガードを顔面に集中させます。そして、ボディへの防御がおろそかになったところで、右ストレートをすばやく打ちこむのです。

Boxer のオキテ

右ストレートをボディへ向かって打ちこんだ時、相手は上から顔面を狙ってきます。目線は下ではなく、相手の動きをしっかり見ます。

重心を下げ、腰の回転を生かして強い右ストレートを打ちます。この時、上体が前のめりにならないように。おでこはつま先より前に出ないように。

ツーパンチ・コンビネーションのいろいろ

かぎりなく広がるパンチのつなぎ方

3. ボディへのジャブ＋右ストレート

基本姿勢から、相手の防御がボディへ集中するように、強い左ジャブを打ちます。すばやく左を元の位置に戻しながら、相手のガードのスキを見ながら、右ストレートを打ちこみます。

Boxer のオキテ

バランスが崩れると パンチはつなげません

コンビネーションをつなぐためのオキテは、体のバランスを保つことです。バランスが崩れると、次のパンチをつなぐことができません。せっかく一つめのパンチで相手のガードを崩しても、自分がすぐに次の攻撃にうつれないのです。ジャブをしっかりとボディへ打つ時も、バランスをしっかり保つことが大事です。

4. 右ストレートから左ストレート

　基本のワン・ツーの、逆のかたちです。左のジャブが先に飛んでくる、という思いこみがありますから、先に右ストレートを出すことで相手はとまどいます。そんな相手に、左ストレートを打ちこむのです。

いつもは前の手として構える左拳ですが、「逆ワン・ツー」の時は、長い距離で強いパンチを打ちます。相手との攻防の中では、いつもと違うパターンをさしこむのが効果的です。

ツーパンチ・コンビネーションのいろいろ

かぎりなく広がるパンチのつなぎ方

5. 左フックから右ストレート

基本の姿勢から、右足に重心をかけながら左フックを打ち、相手のガードを正面からずらします。腰の回転を利用して左拳を元に戻しながら、右ストレートを放ちます。

Boxerのオキテ

相手に見えないところからパンチを出す

出るところが見えないパンチは、よけるのが難しいものです。コンビネーションをつなぐ動きの中で、相手から拳が見えなくなる瞬間をつくり、そこからパンチを出すようにしてみましょう。

6. 左フックから右ボディストレート

　左足に重心をかけ、もしくは左を一歩ステップインさせながら左フックを打ちます。相手のガードをしっかりと上へあげさせて、ボディ部分のガードをあけさせ、そこへ右ストレートを打ちこみます。

→ ツーパンチ・コンビネーションのいろいろ

かぎりなく広がるパンチのつなぎ方

7. 左フックから左ボディアッパー

　左のダブル、とも呼びます。右拳でしっかりとガードをしながら左足に重心を乗せ、左ヒジを引きます。相手の見えないところから、強い左フックを打ち、相手のガードを顔面に集中させます。そして、もう一度左ヒジを引き、こんどはガードがはずれたボディへアッパーを打ちこみます。

第 3 章　技術を組み合わせてみる

8. 左ボディアッパーから左フック

　もうひとつ左のダブルを。いずれも、接近戦で使うコンビネーションです。さっきの逆で、左のボディブローを打って、相手のガードをボディに集中させてから、守りがなくなった顔面に向かって強い左フックを打ちこみます。

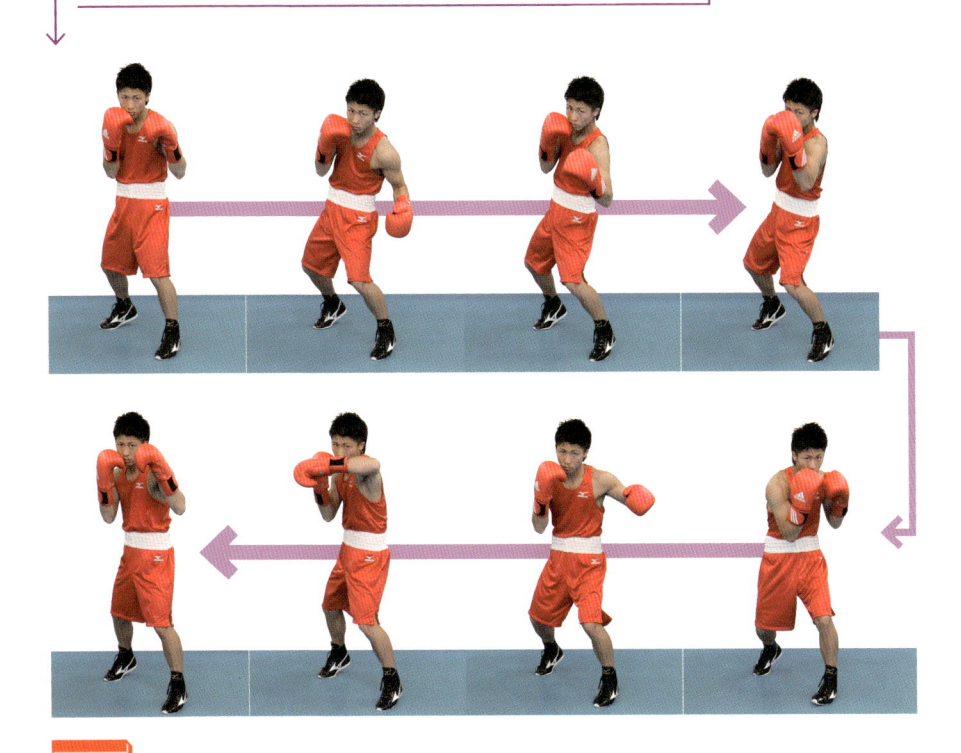

Boxerのオキテ

打っている時は、狙われる時です

コンビネーションをつなぐ間、というのは、ガードが崩れやすく自分のスキも大きくなります。この左の2連発の間も、右のガードがかならず上がっているように。ヒザを使って重心を低く保つことも大切です。

67

→ ツーパンチ・コンビネーションのいろいろ

かぎりなく広がるパンチのつなぎ方

9. 右ボディアッパー から右アッパー

　主に接近戦で有効なコンビネーション。右のダブルです。ボディを打った拳をすばやく顔面へ打ち上げます。右のボディアッパーで相手のガードを下にさげさせ、ガードが甘くなった顔面を打ちます。

Boxer のオキテ　動きはコンパクトに！

　コンビネーションをつなぐ時、強く打とうとするとどうしても動きが大きくなりがちです。動きが大きくなると、防御よりも攻撃に意識がいく時間が長いということですから、相手につけいるスキを与えることになります。モーション＝動きはできるだけ小さく、コンパクトに。これが鉄則です。

第3章　技術を組み合わせてみる

→ スリーパンチのバリエーション

コンビネーションの狙いは何？

　ワンツー、つまりツーパンチがコンビネーションの基本単位というお話をしました。ここからは、さらに高度なボクシングの組み立てのお話になります。スリーパンチコンビネーション、もちろんいくつでもパンチを重ねて攻撃を組み立てることはできます。ここではコンビネーションの発想とともに、いくつかの例を挙げます。実際、ジムのトレーナーの指導のもとで、練習してみましょう。

1. ジャブ、ワン・ツー

　ジャブ、ワンツー、このテンポです。はじめに速いジャブを放ち、すばやく元の位置に引き戻し、次は踏みこみながらジャブ、強い右ストレートを打ちます。一つめのジャブは相手の反応を見るためのもの。顔面のガードをぐっとかためるのか、パーリングでよけるのか、まったく気にする様子がないか、などを見て、右ストレートを当てるために次のジャブをどう送りこむかをきめます。

パンチをたくさんつなぎあわせるほど、スキができやすく、相手が打つチャンスもふえます。常にガードに気をつけながらパンチを出します。

69

→ スリーパンチのバリエーション

コンビネーションの狙いは何？

2. ジャブ＋ジャブ＋
　右ボディストレート

　ジャブ、ワンツー、の右ストレートでボディを打ちます。最後の強い右が顔面なのかボディなのか、どちらにくるかわからないので相手はとまどいます。右ボディストレートを打つ時は少し深めに踏みこみます。

最後の右を打つ時、とくに左のガードでしっかりアゴを守ります

3. ジャブ＋右ストレート＋左フック

ワンツーで腰の回転を使って左足に重心を乗せ、ためをつくってから体重を乗せた左フックを打ちこみます。左フックを打つ時、右のガードはとくに注意しましょう。相手も左フックのカウンターを狙っています。

Boxerのオキテ

左で終わればバランスが崩れにくい

オーソドックスの人は左のパンチでコンビネーションを終えると、すんなりと基本姿勢に戻れるので、バランスが崩れにくく、次の攻撃にもうつりやすくなります。

→ スリーパンチのバリエーション

コンビネーションの狙いは何？

4. ジャブ＋右ストレート＋左ボディアッパー

　左ボディアッパーを生かすための、代表的なコンビネーションです。最終的にはボディをたたくことをイメージし、中間距離よりも少し近い距離でジャブを打ち始めます。右ストレートもやや上体を低くして打ち、左足にしっかりと重心を乗せてためをつくり、相手に見えないところから左アッパーで腹をたたきます。

　右ストレートを打つ時にしっかりと左足に体重をかけ、次の左の打ち始めを相手がよみにくい体勢をとります。すばやく左ヒジを引いてアッパーをレバーに打ちこみます。この時も、ガードはしっかりと！

第3章 技術を組み合わせてみる

5. ジャブ＋右ボディストレート＋左フック

2発目の右ボディストレートに気づかれないように、ふつうのワンツーを打つ時のように左ジャブを顔面に出し、左拳を元の位置に引き戻しながら、重心を少し落として右でボディを狙います。その右を引き戻し、重心を上げながら、左フックを顔面に打ちこみます。

ここがポイント ガードを崩すための工夫

右のボディストレートは、打つ方も動きが大きいぶんキケンも大きいですが、相手の反応も大きくなるので、コンビネーションの中に組みこむと有効に使えます。強い右がカラダのど真ん中を狙ってきたら、たいてい相手はヒジでお腹をガードします。そしてそのぶん、どこのガードがあいたかを見ながら、次のパンチを打ちます。相手がどんな反応をして、どこが打ちやすくなるかを見るために、パンチを出してさぐりを入れる。パンチを出すフリをするだけでも、反応を見ることができます。そのような手順を踏むことが、パンチを当てる早道です。

73

→ スリーパンチのバリエーション

コンビネーションの狙いは何？

6. 右ストレート＋左フック＋左ボディアッパー

　右ストレートから、左のダブル、というコンビネーションです。中間距離よりやや近い距離で使います。基本姿勢からまっすぐに右ストレートを打ち、左足に重心が乗ったままの状態で左ヒジを引き、腰の回転を使って右足に体重を移動させながら左フックを打ちます。強い左フックを打って相手の防御を顔面に集中させ、あいたボディを左アッパーでたたきます。

左を続けて打つ時に、カウンターを狙われないようにするために、上への左フックをしっかりと打って、相手の意識を防御に集中させます。スキをつくらず、すばやく左ヒジを引いてアッパーをレバーに打ちこみます。この時も、ガードはしっかりと！

第 3 章　技術を組み合わせてみる

7. 右ボディストレート＋左ボディアッパー
　＋左フック

　ボディブローで始まるコンビネーションです。打ち下ろすような右ストレートをボディに打ちこみます。左足に重心を乗せながら左ヒジを引き、腰の回転を使って左ボディアッパーを打ちます。

　上体を少し起こして左足にかける体重をへらし、右足に重心を移動させながら、回転を使って左フックを顔面に打ちます。

Boxer のオキテ

無限のコンビネーションで
ボクシングのおもしろさがふくらみます

　相手のガードを崩し、強いパンチを打ちこむためのコンビネーションの数々を見てきました。しかしこれらは、ほんとうにほんの一部です。顔面、ボディへの左右、ストレート、フック、アッパーをいくつもいくつも組み合わせれば、コンビネーションは無限大に広がります。

　ステップ、パンチ、ディフェンスといった基本を組み合わせるのは、簡単そうで難しいものです。でも、コンビネーションで「打たせずに打つ」を考えると、ボクシングのおもしろさが2倍にも3倍にもふくらみます。

75

\トップボクサーはこう戦う！/
憧れの選手の動きをみてみよう

基本の構えから動きの一つ一つを詳しく見てきました。これらの基本動作、ボクサーは試合本番でどんなふうに使っているのでしょうか。世界チャンピオン、井上尚弥選手の試合の各シーンに、目をこらしてみましょう。実際に、長い年月の間繰り返し練習してきた基本の動きは完全に体にしみついていて、試合では自然にそれが実行できます。もしくは、基本を理解した上でわざと基本に反することを織り交ぜて相手をまどわせながら、「打たせずに打つ」を実行しています。井上選手が戦いの中でどのような選択をしているのか、見ていきましょう。

Fight 1

井上尚弥 ○ [TKO5R2'51"] ● ヘルソン・マンシオ
＜2013年12月6日　後楽園ホール　東洋太平洋ライトフライ級王座決定戦＞

プロ5戦目、タイトルマッチで自分よりランキングは下のフィリピン人との対戦です。試合がスタートしてからまもなく、井上は相手とのスピードの差をたしかめたので、忙しくステップワークを使わなくても、パンチのスピードの差で自分の拳を相手に当てることができると見切りました。忙しく足を使って戦うことは、相手をまどわせることができますが、逆にいうと、足もとにしっかりと体重を乗せた強いパンチを打つことは難しくなります。この時は、井上は足を止めて戦う方法をえらべたことで、強いパンチで組み立てていきました。

2回に、ダウンを奪ったの

自分でしかけながら、できるだけ早く相手の力量を見きわめて

は、左ボディアッパーからの右ストレートです。強弱をつけたジャブにより、相手の打ち終わりのタイミングをしっかりと見きわめて、ボディブローから顔面へのパンチを利かせました。ここで、左ボディブローの後は強い右ストレートが来る、というイメージをしっかりとうえつけておいた上で、3回には左ボディブローから右アッパーをヒット。思っていた角度とは違うところからパンチが飛んでくる。相手にとって「意外な」パンチに、効果があります。

　実際のリングでは、井上はガードが落ちているように見えますが、スピードの差や実力の差で相手のパンチをよけることができる、と見切った時、より自分の攻撃を重視したい時は、基本のガードの位置に拳を戻すよりも、その途中から拳をスタートさせた方が、はやく相手に当たります。すぐれたボクサーは、そのような判断も、戦いの中で行っていきます。

　フィニッシュパンチは、右ストレートのダブル。相手によけるひまを与えずに、2発たてつづけに打ちこんで、試合を終わらせました。

パターンを相手にすりこんで、パターンを変えると効果的

足をとめると、危険だが強く打つことはできる

Fight 2

井上尚弥 ○ [TKO2R3'01"] ● オマール・ナルバエス
<2014年12月30日　東京体育館　WBO世界スーパーフライ級タイトル挑戦>

当時で世界戦30戦を行い28勝1敗1分という大ベテランのチャンピオン、ナルバエスを相手に、まだプロ8戦目の井上は慎重に戦うかと思われましたが、あっという間に打ちくだいてしまいました。相手が様子をうかがおうと、のんびりしているうちに、速攻で自分の方に勝ちを引き寄せたのです。勝負のおきてのひとつです。先にペースをにぎる。これ、とても大事です。難しい相手だと思ったからこそ、井上は先にペースをとりにいったのです。最初に次々と速いパンチをちらし、それらはきれいに当たりはしませんでしたが、チャンピオンをあわてさせることができました。

第1ラウンド30秒たらずのところで、井上は右を2発肩ごしに打ちこんでダウンを奪います。ナルバエスのガードのクセを見て、そのガードがされていないところをめがけて打ったパンチです。急所でなくとも、まともに当たれば効きますし、たおれます。そして、この強い右の2発が、チャンピオンのペースを完全

先手をうつ。先にペースをにぎる、これが勝つための第一歩

にくるわせました。ダウンのカウントの後、試合が再開されてから、井上は相手にたてなおす時間を与えません。しっかりとひねりを加えてパワーを強めた右の２連打で、もう一度ダウンを奪います。

　ところが最初にダウンをうばった時点で井上は拳をいためてしまっていたので、次は左を使います。第２ラウンド、チャンピオンの右フックにあわせて左のボディブローを、左フックをカウンターで次々とヒット。相手の打ち終わり、その一瞬のタイミングをきちんと見きわめて打ったパンチでした。最後は、相手が真正面に立ったところを見逃さず、右をふるって距離をつめ、左のボディアッパーをレバーに突き刺しました。これが、とどめになりました。

急所でなくとも、強いパンチは相手のペースをくるわせる

もっとも効くタイミングをみきわめて打つ

79

コラム3

「勝負」よりも大事なこと

　小さいころからボクシングを経験することのよさは何なのか、考えます。

　まず、ボクシングは総合スポーツであるということ。瞬発力、持久力、そしてバランス力といった身体能力を伸ばすことができます。基本をコツコツ練習して、少しずつ上達していく喜びを感じることもできます。そして何より、他者へのやさしさをはぐくむことができると考えます。

　ボクシングジムでは必ず、リングの外では決して人を殴ってはいけないと教えます。強い者は、決して弱い者をいじめない、弱い者をいじめる人は、実は弱い人なのだ、ということを教えます。そして子供たちは、ボクシングを学ぶうちに、その意味を知っていきます。

　いまでは試合の機会が増え、「勝負」を味わうことも多くなりました。勝つ喜びや負ける悔しさを知ることは大事なことです。でも、それがエスカレートしたり、親御さんの期待が大きくなりすぎて、ボクシングを嫌いになってしまう子もいます。

　子供の時期のスポーツでは、勝負以上に大事なことがあります。安全を守り、基本を正しく身につけること、楽しんで好きになること、そして、スポーツマンシップ、他者への思いやりの心をはぐくむことです。それがゆくゆくは、ほんとうに勝負強いボクサーになる第一歩です。

第4章
ジムへ行こう！

これまで学んできた基本の一つひとつ。
ボクサーたちは毎日ジムで繰り返し練習し、
カラダにしみこませます。その一歩を踏み出しましょう。

ボクシングジムへ行こう！

毎日のジムワーク、練習のポイントは？

　ボクシングっておもしろそう、と思ったら、ジム見学に行ってみましょう。リングにサンドバッグ、さまざまな器具があって、年齢・男女を問わずたくさんの人が練習に励んでいます。プロもアマチュアも、試合に出ない練習生も、基本の練習メニューは同じ。毎日、基本の練習を繰り返すのは、どれもとても大切だからです。ジムワークと呼ばれるボクシングのトレーニング。さあ、はじめてみましょう。

1. 準備体操、ストレッチ

　まずは準備体操。ボクシングは腕だけでなく全身の運動です。全身の筋肉を伸ばし、足首、ヒザ、腰回り、肩回り、首、手首、あらゆる関節の動きをなめらかにして、準備を整えましょう。

2. シャドーボクシング

　目の前に相手を想像しながら、攻撃と防御の動きを組み合わせた動きを行うことを、シャドーボクシングといいます。ウォーミングアップ、クールダウンとしての役割もあります。鏡の前で、ステップワーク、パンチの角度やガードの位置、バランスなど、正しい動きができているか、細かく確認することが大事です。鏡に映る自分、上半身で見えているところは、打たれる危険性がある場所。どうパンチを防ぐか、考えて動いてみましょう。

ここがポイント POINT

練習時間も"ラウンド"と"インターバル"

　たいていのボクシングジムでは常にタイマーがオンになっていて、1ラウンド3分と休憩1分、で時間を刻んでいます（ラウンドを長くしたり休憩を短くしているジムもあります）。時間の長さは「ラウンド」単位で考えます。トレーナーが「じゃあ、シャドー3つね」と指示したら、シャドーボクシングを3ラウンドやりなさい、という意味です。

第4章 ジムへ行こう！

3. サンドバッグ打ち

パンチングパワーやスタミナをつける練習です。ラクな打ち方をしていたら、トレーニングになりません。強く、かつ、速く打つと、とても疲れます。近い距離で打つより、中間距離でたたく方が衝撃が強く、疲れることも実感できるでしょう。

ここがポイント POINT

バランスのいいスタンスの作り方。

前後にも左右にもぐらぐらしない、しっかりとした足もとの構えをつくる練習方法です。基本姿勢をつくり、その場にしゃがむ。両足に同じだけ体重をかけて、上半身の姿勢は崩さず。そしてそのまま立ち上がってみると、バランスのいい基本姿勢が確認できる。

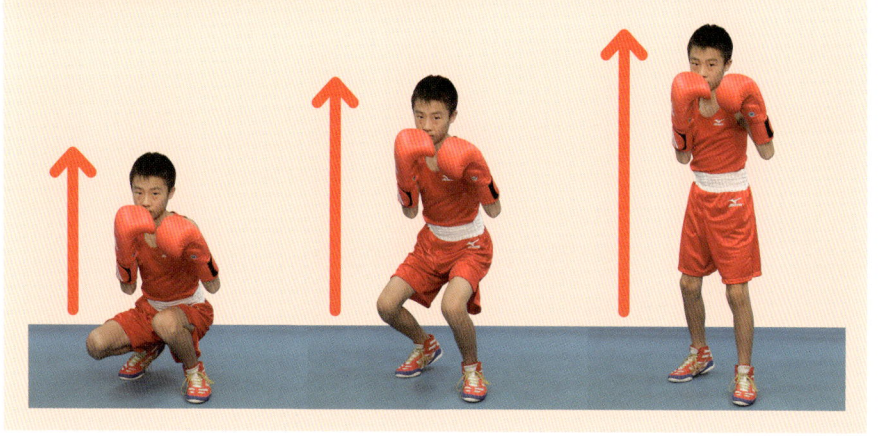

83

4. ミット打ち

指導者の先生が指示するコンビネーションを、ミットに打ちこみます。パンチの角度、攻防一体の動きを確認。ガードが落ちていたら、注意をうながすために先生がそこへミットを当ててくるこ ともあります。慣れてくると、先生がミットを構えただけでどのパンチをつなげばいいか、わかるようになります。

5. 条件つきマスボクシング

練習相手と向かい合う対戦形式の練習ですが、パンチは当てません。一方が決まったパンチを打ち、もう一方がそれを防御する、など、条件をつけて行い、相手との距離感、位置取り、防御の感覚を養います。よけたらよけっぱなし、打ったら打ちっぱなしではなく、よけたら攻撃、打ったらよける、体勢を整えるクセをつけることが大事です。

第 4 章　ジムへ行こう！

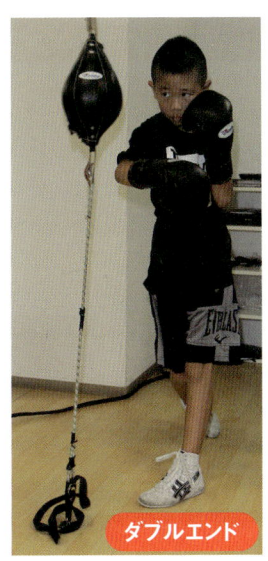

6. パンチングボール

　スピードボールともいいます。上から吊るされたシングルボール、ゴムで上下から引っ張られた形のダブルエンドボールがあります。いずれも動くものをとらえる力とリズム感を養い、シングルボールは肩回りの筋持久力アップ、ダブルエンドは、戻ってくるボールをよける練習にもなります。シングルボールは、頭上の高さ、ダブルエンドは目の高さになるように調節して使います。

ダブルエンド　シングルボール

7. スパーリング

　実際にパンチを当てるスパーリングは、できるだけ回数をおさえましょう。大会1カ月前から、週2度以内、1度で2ラウンド（小学生は1ラウンド1分、中学生は1分半）程度。試合と同様の防具をつけ、必ず指導者がリングサイドで見守る中で行わなければなりません。スパーリングでは「勝敗」ではなく、あくまで自分の技術の確認を意識しましょう。

8. ロープスキッピング

なわとびです。リズムよくロープをとぶとじんわりと汗をかきます。ジムワークの前のウォーミングアップや練習後にカラダをほぐすために行ったり、体力づくりにもなります。試合の前の体重を減らすときにも使います。

ここがポイント POINT

のどがかわく前に水分補給！

トレーニング中はは非常にたくさんの汗をかきます。練習前、練習中もこまめに、のどの渇きを感じる前に水分を補給しましょう。練習時は、体内への吸収がスムーズで、わずかな糖分とミネラルを含むスポーツドリンク（うすめたもの）がおすすめです。

＋α プラス α のカラダづくり

体幹とインナーマッスル

ジムワークでは、ボクシングの動きづくりと、体づくりを行います。ボクサーにとって大切な筋力、体力づくりです。一瞬の力と運動を長く続ける力のどちらも必要です。でも、力こぶのような大きな筋肉をつけるために、重いバーベルをもって筋トレすることはありません。それよりも、体幹とインナーマッスルをきたえることが、ボクシングに役立ちます。これらのトレーニングは、自己流で行うのではなく、専門家であるトレーナーに教わって行いましょう。

体幹とは、かんたんに言うと胴（腰回り、背中、おなか、胸）の部分。ここが強くて安定すると、強いパンチにつながります。写真に示したポーズを10秒間、維持します。大事なのは、アゴを引き、耳、肩、腰、くるぶしが一直線でつながるよう、カラダを一枚の板のようにまっすぐ保つことです。とても難しいですが、できれば体幹が強くなった証拠。がんばってみてください。

第 4 章 ジムへ行こう！

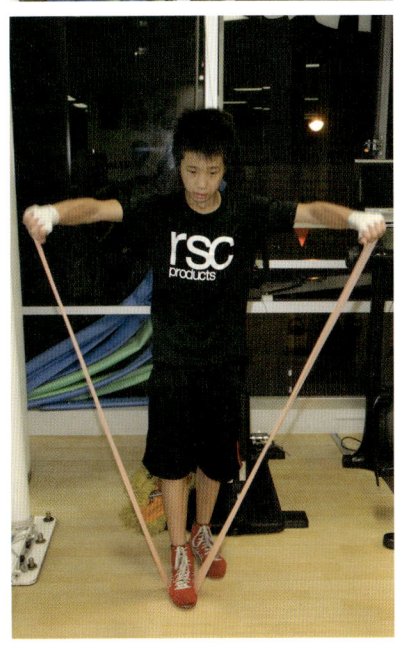

インナーマッスルは、体の内部にある細かい筋肉。ボクシングのスムーズな動きを生み出します。写真のように、ゴムテープや細いチューブを引っ張るような形で、鍛えることができます。ボクシングでとくに大切なのは、肩回り。チューブを内側に引っ張る、引き上げる、といった動きで肩回りのインナーマッスルを刺激してあげましょう。

87

→ 全国のキッズボクサーが腕だめし

アンダージュニア、U-15って、どんな大会?

毎日一生懸命トレーニングをして、少しずつ、練習相手と向かい合っても思いどおりに動けるようになると、自分が本番でどれくらいできるのか、試したくなってくるものです。力だめしがしたくなったら、まずは指導者の先生に相談してみましょう。

中学生以下のボクサーのために、「アンダージュニア」「U-15」という競技会があります。成長期の子供たちの安全を考え、スポーツマンシップにも重点をおかれたこれらの大会は、こんな形で行われています。

アンダージュニア(幼年)ボクシング

日本ボクシング連盟が管理・認定を行っている大会。都道府県、地区予選をへて春の全国大会へとステージを上がっていきます。参加するにはまず同連盟に選手登録を行います。認定(演技)の部と、実戦競技の部があり、演技の部でC級以上の判定を受け、なおかつ1年以上トレーニングを積んでいることが実戦競技参加の条件です。

[認定(演技)の部]

体重区分・年齢区分
超軽量級から重量級までの5つのカテゴリー、10歳以上15歳以下、男女別。小学生の部と中学生の部に分けることもある

採点
基礎体力(縄跳びや腹筋、腕立てなど)、打撃の技術、攻防一致の動き、フットワークなど、たくさんの項目について10点満点の採点が行われ、E級(得点が20％以下)からA級(81％以上)の認定を行う。

[実戦競技の部]

体重と階級
10歳以上12歳以下の小学5年生及び6年生30kg級(28kg超～30kgまで)から2kg刻みで57kg級(54kg超～57kgまで)まで14階級
12歳以上15歳以下の中学1年生から3年生34kg級(32kg超～34kgまで)から70kg級(66kg超～70kgまで)までの16階級

ラウンド
原則として小学生は1ラウンド1分半×3ラウンド。中学生は1ラウンド2分×3ラウンド。各ラウンド間のインターバルは1分。

グローブ
中学生の66kg級以上は12オンス、その他の小中学生は10オンス。

カウントリミット
1ラウンドに2度、もしくは1試合中に2度のカウントが入ると、レフェリーが試合終了を宣言する。その他のルールは、アマチュアルールに準ずる

U-15（アンダーフィフティーン）ボクシング

U-15ボクシング実行委員会が管理する実戦競技の大会。地区予選が春に始まり、全国大会が秋に行われます。選手の育成（特に防御技術の向上）と健康管理に重点を置いて、原則としてアマチュアルールにのっとり、徹底した早期レフェリーストップと反則への注意を行っています。

体重と階級
小学生の部（4年から6年生まで）は27.5キロ級（25.0kg超27.5kgまで）から2.5kg刻みで55.0kg級（52.5kg超 55.0kgまで）まで12階級

中学生の部（1年から3年生まで）は32.5kg級（30.0kg超32.5kgまで）から2.5kg刻みで70.0kg級（66.0kg超70.0kgまで）まで15階級

ラウンド
小学生の部：1分×3ラウンド、インターバル1分間

中学生の部：1.5分×3ラウンド、インターバル1分

グローブ
小学生：37.5キロ級以下は10オンス、40キロ級以上は12オンス

中学生：52.5キロ級以下は12オンス、55キロ級以上は14オンス

採点
各ラウンド10ポイントマストシステムを採用。1ラウンド中に2度のダウン、もしくは1試合中2度のダウンがあるとTKOとなる。

セコンド
JBCライセンス保持者（プロ関係者）や選手自身の親をのぞく、ボクシング競技経験者であること

用具をそろえよう

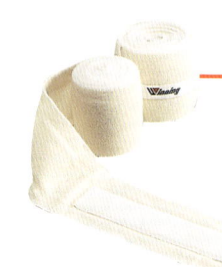

バンデージ

シニア・ジュニア同様、幅5cm以下×長さ2.5m以下とするが、3cm以上×1.7m以上であること。日本ボクシング連盟の検定品であること。U-15の小学生の部では手袋型のナックルガードの使用を許可する。

グローブ

小中学生は階級区分により10〜14オンスを使う。アンダージュニアでは日本ボクシング連盟の検定品であること

ヘッドガード（ヘッドギア）

各自体格に合ったサイズの競技用ヘッドガードを着用する。日本ボクシング連盟の検定品であること。

子供の安全を守るために

　成長期のまっただなかにある子供のボクシングは、まわりの大人の注意が大事です。シニアやジュニアとは違い骨格や筋肉、内臓もまだ成熟の途上にある子供たちのカラダに、ダメージを残さないことが第一ですから、ジムでのスパーリングは極力ひかえ、行う時は必ずチェストガードを含める防具を着用させてください。

　また、子供の大幅な減量はおすすめできません。試合に出場する際、エントリー時から試合本番までに体が成長し、体重をつくれなくなることがあります。体重をムリに落として試合に出ることは、非常に危険です。エントリー時に、余裕のある体重区分を選ぶようにしてください。

エアボクシングを知っていますか？

　最初から実戦の試合に出るのは不安、でも、腕前を試したい。ボクシングジムには、そう考える練習生が少なくありません。そんな人たちのための競技が、エアボクシング（日本プロボクシング協会公認、東日本ボクシング協会主催）です。

　エアボクシングとは、相手と向かい合って行う、シャドーボクシング。ライセンステストがあって、大会も数多く、審判は、元チャンピオンたち。クラス別の日本ランキングが発表されるのも、はげみになります。

　拳にはバンデージのみ。フロアに置いたフープを挟んで距離を保ち、シャドーボクシングで「対戦」。1分30秒のラウンドを、2回（インターバル30秒）。フィニッシュブローを決めて終えるルールです。エアボクシングから実戦に進んだキッズボクサーも、すでにたくさん。技術を磨き、自信をつけるために、おすすめです。

ファウルカップ
男子用・女子用、各自の体格に合ったものを着用する。検定品の指定はない。

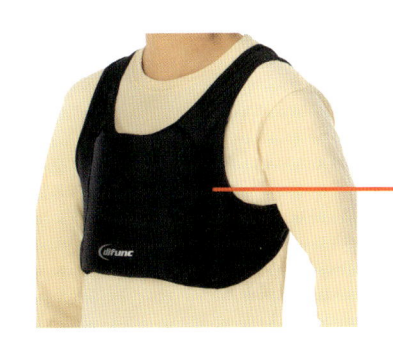

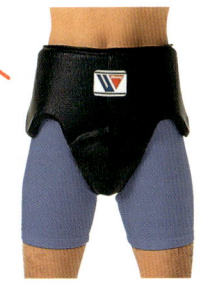

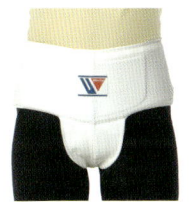

チェストガード
胸郭が柔らかい幼年期に多い心臓しんとう（胸部に比較的弱い衝撃を受けることで心臓がけいれんし、心臓が停止する状態）を予防するためのもの防具。女子用チェストガード、男女の発育状況及び各人の体格に合わせた適宜の胸部防具を使用する。検定品の指定はない。

マウスピース（ガムシールド）
シニア・ジュニア同様、各自の歯型による適宜のマウスピースとする。赤いマウスピースは不可。検定品の指定はない。

服装
上半身：無地のランニングシャツの上から胸部保護パッドを着用。
下半身：ファウルカップの上からトランクスを履く。ベルトラインが識別できること。ランニング、トランクスともにがらはラインのみ。計量時に服装を役員に提示する。染めた髪、男子の長髪は禁止。

アマチュアボクシングの基礎知識

　小中学生のボクシングは、原則としてアマチュアルールにもとづいて行われます。二人のボクサーの戦いをめぐり、どんな役割の人たちがいて、どんなルールで試合が進むのか。基本的なところをおさえておきましょう。

試合会場の様子を見てみよう

リング　ボクシングの試合場。コーナーポストとそれをつなぐ3～4本のロープで囲まれた正方形状のフロア。アマチュアの場合は一辺4.9m～6.1mと定められている。

コーナー　選手がそれぞれ登場する赤コーナー、青コーナーと、それ以外のニュートラルコーナーがある。ダウンやドクターチェックなど、試合が中断された時、レフェリーはボクサーにニュートラルコーナーで待つよう指示する。

審判　リングの中で試合をさばく人が、レフェリー（主審）。リング内のすべての権限を持つ。リングサイドで採点を行うのがジャッジ。各ラウンド終了後ただちにスコアペーパーに各選手の点数を記入。これら審判の仕事の見張り番をするジュリーを置くこともある。

セコンド　試合の時、コーナーに着いて選手をサポートする人のこと。アマチュアにおいてはチーフセコンド1名＋1名。

ボクシング博士をめざせ！
専門用語 ABC

ア

▶**アウトボクシング**　相手と距離をとって戦うこと。また主にこの戦法をとる選手をアウトボクサー、もしくはボクサータイプという。

▶**アグレッシブ**　積極的な攻め。プロボクシングにおいては、クリーンヒットの次に重要な採点基準

▶**アップライトスタイル**　上体をまっすぐに立てた構え方。

▶**インターバル**　ラウンドとラウンドの間の1分の休憩時間のこと。

▶**インファイト**　接近戦。近い距離での戦い。

▶**エイトカウントシステム**　選手がノックダウンもしくはそれに等しいクリーンヒットを受けてレフェリーがカウントを与えた時、カウント8までは必ず数えて続行可能かどうかを判断する規則。

カ

▶**カウンター**　相手のパンチの出ばなを狙って打つパンチ。向かってくる相手に打つため威力が倍増する

▶**カウント**　ノックダウン、もしくはそれに等しいクリーンヒットがあった時にレフェリーが試合を中断して与える時間（10秒間）。カウント10までに達するとカウントアウト（＝KO）となる

▶**カバーアップ**　両腕のガードを固めて上半身を覆い隠した状態。

▶**クラウチングスタイル**　前かがみの構え方。アウトボクサーに多いアップライトスタイルと逆に、攻撃重視のファイタータイプに多く見られる。

▶**クリーンヒット**　ナックルパートでしっかり急所をとらえた打撃。アマチュアボクシングにおいてはこれが「得点打」になる。

▶**計量**　試合前、公式のはかりで行う体重測定のこと。アマチュアでは試合当日朝の指定時間。原則は1回のみ。登録した体重を超えると失格（ウェイト・オーバー）。

▶**国際ボクシング協会（AIBA）**　世界のアマチュアボクシングを管理、統括する機関から、現在はプロ部門の大会も行う。国際オリンピック委員会（IOC）加盟。

第4章　ジムへ行こう！

▶ゴング　ラウンドの始まりと終わりを告げる鐘のこと。

サ

▶サークリング　相手を軸に大きく円を描くように横に動くこと。アウトボクサーのフットワークに多く見られる。

▶サウスポー　左構え。右足・右拳を前に、左足を引いている構え。オーソドックスに対して、こう呼ぶ。

▶スタンディングカウント　パンチをもらった選手が倒れなくても、それに等しいクリーンヒットとレフェリーが判断してカウントを数えること。

▶ストップ　ファウルに対して警告を与える場合など、レフェリーが選手に試合の中断を指示するためにかける言葉。試合再開は「ボックス」。

▶スパーリング　実戦形式の練習。ヘッドギアなど防具をつけ、大きめのグローブを着用して行う。

▶スリップダウン　パンチによってではなく、足を滑らせたり押されたりしてバランスを崩して倒れること。カウントはされない。

▶世界タイトル　プロにおいて「世界チャンピオン」を認定する団体のこと。主な4団体は、WBA（世界ボクシング協会）、WBC（世界ボクシング評議会）、IBF（国際ボクシング会議）、WBO（世界ボクシング機構）

タ

▶ダウン　正式にはノックダウン。

▶テクニカルノックアウト（TKO）　試合が一方的になってレフェリーが試合を止める場合、あるいはセコンドが棄権を申し出た場合など、試合結果はこう表記される。

▶10ポイントマストシステム　採点上のルールで、ジャッジは、各ラウンド、点差をつけなければならない。

ナ

▶日本プロボクシング協会（JPBA）　日本のプロボクシングジムを統括する団体。

▶日本ボクシングコミッション（JBC）　一般財団法人。プロボクシングのライセンス、ルール、試合

勝敗の決まり方

■ポイント　ジャッジによる判定。各ジャッジ、10点満点からの減点法。クリーンヒットの数、主導権、積極性、ディフェンス技術、反則、といった評価基準に照らし、ラウンドごとに10-9から10-6まで優劣をつけたものを集計する。

■ノックアウト（KO）　ダウンしてカウントアウトされた場合、レフェリーが続行不可能と判断してカウントを省略した場合。

■テクニカル・ノックアウト（TKO）　旧称、レフェリーストップコンテスト（RSC）。ワンサイド（一方的な試合展開）、カウントリミット（1ラウンドに3度、1試合中に4度のカウントを受けると負けとなる。ジュニアのリミットは1ラウンドに2度、1試合中に3度）や、棄権の申し出があった場合。レフェリーが試合終了を宣言する。

■負傷TKO　負傷や健康管理上の理由で競技を続けるべきでないと判断されて試合が終了すること。

■失格　相手が失格になった場合。ファウルによる注意、警告（減点）を重ねると失格になる。悪質な反則は警告なしに失格になることも。

■不戦勝　試合前に相手が失格、棄権した場合。

進行の管理を行う団体。
▶日本ボクシング連盟（JABF）　一般社団法人。日本のアマチュアボクシングを管理統括する団体。
▶ノックダウン　正当なパンチで一方の選手がバランスを崩し、足の裏以外の体の部位をフロアに着くこと。
▶ノーコンテスト　無効試合。リングの破損や天災など、やむを得ぬ事故によって競技続行が妨げられた時、無効試合と記録される。

ハ

▶バッティング　ヘッドバットともいう。頭突き。偶然に起こるものだが、足のつま先よりも前に頭があること自体が反則とみなされ注意を受ける。
▶ヒットアンドアウェー　打って、距離をとる。踏み込んでは、離れる。相手との距離をコントロールする戦法。ヒット・アンド・ランともいう
▶ファイター　インファイターとも。攻撃重視で、相手に圧力をかけ、距離を詰めて戦うタイプの選手。単に、「戦う人」の意味でも使う。
▶フェイント　相手をまどわすこと。打つふりや視線を動かしてかけたり、パンチのリズムを変える、など
▶ブレイク　両選手がもつれあう状態になった時、それをほどき、いったん距離をとるよう指示するためにレフェリーがかける言葉。
▶ボクサータイプ　アウトボクシングをする人のこと、またはボクシングをする人の総称。
▶ボクサーファイター　ボクサー型、ファイター型の両方の戦い方を織り交ぜる選手のこと。
▶ボックス　試合中、レフェリーが「ストップ」や「ブレイク」によって試合を中断した後、試合再開を指示する際にかける言葉。

マ

▶マスボクシング　練習相手と向かい合い、パンチを当てずに行う練習。攻防を想定し、実際には当てずに行う対戦練習。攻防の役割を分け、条件を設けて行う「条件マス」などの練習方法もある。

ラ

▶ラウンド　ゴングからゴングまでの競技時間。1回。2回という数え方をする。3ラウンドで行う試合は3回戦、4ラウンド行う試合は4回戦と呼ぶ。
▶リーチ　腕の長さのこと。ボクシングでは腕が長い方が有利とされる。両腕を真横に伸ばした時の指先から指先までの長さで表示する。
▶リードブロー　先制打のこと。ジャブに限らず、状況に応じて放つ、攻撃の起点となるパンチ。
▶レフェリーストップ　レフェリーの判断で勝敗をつけること。レフェリーは採点は行わないが、一方的な試合展開、負傷、カウントリミットなどで勝敗を判断し、試合終了を宣言することができる。

著者 大橋秀行
元WBA/WBC世界ミニマム級チャンピオン　日本プロボクシング協会長　大橋ボクシングジム会長

1965年、神奈川県横浜市生まれ。中学時代にボクシングを始め、横浜高時代にインターハイ優勝。1985年にプロ転向。150年に一人の天才と呼ばれ、WBC、WBAの世界ミニマム級タイトルを獲得。93年に現役を引退、大橋ジムを設立。世界・東洋太平洋・日本のチャンピオンを多数輩出している。

モデル

井上尚弥　WBO世界スーパーフライ級チャンピオン
1993年、神奈川県座間市出身。小学1年生でボクシングを始め、中学3年の時、第1回全国U-15大会で優秀選手賞受賞。高校時代は史上初の全国大会7冠。2012年、大橋ジムからプロデビュー。日本、東洋太平洋を経てWBC世界ライトフライ級、WBO世界スーパーフライ級タイトルを獲る。世界最速8戦目での世界2階級制覇。

松本　亮　元東洋太平洋スーパーフライ級チャンピオン
1994年、神奈川県横浜市出身。小学3年生でグローブをはめ、小6で大橋ジム入門。中学3年時、井上と同じく第1回全国U-15大会で優勝。横浜高時代は全国大会4冠。2011年にプロ転向。2014年9月、元世界王者に2回KO勝ち、12月に東洋太平洋スーパーフライ級王者となった（のちにバンタム級転向のため返上）。

松本圭佑
1999年、神奈川県横浜市出身。小学3年生でボクシングを始め、2010年から全国U-15大会5連覇。2015年春、みなと総合高校進学後、出場したアジア・ジュニア選手権では銅メダルを獲得。2020年東京オリンピックの金メダルを目指している。

本田信貴
2002年、神奈川県横須賀市出身。幼少期から格闘技に親しみ、小学5年生からボクシングに本格的に取り組み始めた。2015年全日本アンダージュニア大会小学生男子32キロ級スパーリングで勝利。同年、中学1年生でU-15全国大会に初出場。

大橋ボクシングジムのみなさん

撮影協力／株式会社ウイニング
　　　　　株式会社ディフィール

はじめよう!
ボクシング

2015年10月31日　第1版第1刷発行
2023年 4 月28日　第1版第2刷発行

著者　大橋秀行
　　　（おおはしひでゆき）

発行人　池田哲雄
発行所　株式会社ベースボール・マガジン社
　　　　〒101-8381
　　　　東京都千代田区三崎町3-10-10
　　　　TEL：03(3238)0181(販売部)
　　　　TEL：025(780)1238(出版部)
　　　　振替口座　00180-6-46620
　　　　https://www.bbm-japan.com/
印刷/製本　共同印刷株式会社

※定価はカバーに表示してあります。
※本書の文書・写真・図版の無断転載を禁じます。
※本書を無断で複製する行為(コピー、スキャン、デジタルデータ化など)は、私的使用のための複製など著作権法上の限られた例外を除き、禁じられています。業務上使用する目的で上記行為を行うことは、使用範囲が内部に限られる場合であっても私的使用には該当せず、違法です。また、私的使用に該当する場合であっても、代行業者等の第三者に依頼して上記行為を行うことは違法となります。
※落丁・乱丁が万一ございましたら、お取り替えいたします。

©2015 Hideyuki Ohashi
Printed in Japan
ISBN978-4-583-10886-5 C2075